琉球アスティーダの奇跡

琉球アスティーダスポーツクラブ
代表取締役
早川周作

毎日新聞出版

はじめに

２０２１年２月、沖縄の卓球チーム・琉球アスティーダは、創設３年目でリーグ初優勝を果たしました。プロ卓球リーグ「Ｔリーグ」が開幕して１年目は、最下位だったチームです。

僕は、この琉球アスティーダを運営する「琉球アスティーダスポーツクラブ株式会社」の代表を務めています。卓球経験ゼロ、スポーツビジネスへの参入も初めてでしたが、２０１８年に運営会社を設立してすぐに株式上場を決意、自らの経営者人生をかけて邁進してきました。そしてついに２０２１年、奇しくもチームが初優勝した同日に上場承認の対外公表が行われました。

日本のプロスポーツチームの株式上場は史上初めてのこと、さらに会社設立から約３年というスピードも随分驚かれ、多くの反響をいただきました。「卓球新王者

琉球アスティーダ　スポーツ界に新風」と大きく取り上げてくれた新聞もありました。

新風を吹き込む。新しいことをするときは、誰にでも不安があるでしょう。周りの反対する声に迷うこともあるでしょう。でも、不安と期待は表裏一体で存在しているものだと僕は思います。

日本の野球選手がメジャーリーグに挑戦する土壌をつくったパイオニア・野茂英雄選手は、アメリカに向かう飛行機に乗る前、記者から「不安はないですか?」と聞かれ、「希望はあるが、不安はない」と答えたそうです。どちらに重きをおくかによって人生は変わるというのはその後の野茂選手の活躍が証明しています。

不安とともに生きるよりも、期待とともに生きる方が楽しい。僕はそう思っています。

本書のなかでも繰り返し述べていますが、僕には、生きている過程で得た強い「志」があります。本書は、その志を持って生きる僕が沖縄と出合い、卓球と出合い、プロスポーツの世界を変えていくことを決意し、奮闘する軌跡を語ったものです。

スポーツを愛する方はもちろん、スポーツビジネスの世界で生きていきたい方、起業を目指す方、自分のなかにある志を実現したい方。夢に向かって進んでいる、全ての方に読んでいただきたいと思います。「有志有途」という言葉がありますが、志があるところには、必ず道が拓けます。それは、僕が自らの人生で確信していることです。本書が、みなさまの志を叶えるためのエネルギーになれば幸甚です。

おもしろ楽しく、いつもご機嫌に。
諦めずに、やりきり超ＭＡＸ！

琉球アスティーダスポーツクラブ　代表取締役　早川周作

Contents

第3章

業界の常識を打ち破る――65

第4章

スポーツビジネスにお金が循環する　97

第5章

優勝、そして、株式上場

第6章

未来へ

第7章

生きるということ——173

カバー・レイアウトデザイン
●大澤陽介
校正
●株式会社東京出版サービスセンター
●加藤初音（駿河台企画）

第1章

★★★

早川周作の「志」ができるまで

卓球との出会い

すべての始まりは、松下さんと出会ったことです。

２０１８年1月、銀座の喫茶店に30分遅れて到着した僕は、年齢50歳前後の男性とあいさつを交わしました。

松下浩二氏。日本のプロ卓球リーグ「Tリーグ」のチェアマン（理事長）を経て、現在はアンバサダーを務めている人です。日本初のプロ卓球選手としてオリンピックに4大会出場、引退後は選手のマネジメント企業を立ち上げたり、卓球用品「ＶＩＣＴＡＳ」の会長に就任するなど卓球界を語るうえでは欠かせない、いわばレジェンド。松下さんと出会った頃の僕が持っている卓球の知識は「チョレイ！と叫ぶ若い男子選手がいる」くらいのものだったので、松下さんのすごさはよく分かっていなかったのですが……。ともあれ、このときの僕と松下さんとの出会いが、僕と卓球との出会いであり、僕が経営者人生をかけてつくりあげる「琉球アスティーダスポーツクラブ」のはじまりなのです。

その日に僕は、松下さんから「卓球のプロスポーツチームに興味はないか」と打診されました。卓球初心者の僕に（実はこの話を受けたときに、漫画『行け！稲中卓球部』で卓球を学ぼうとしたくらいです。素晴らしくおもしろい作品でしたが、全く勉強にはなりませんでした）松下さんは熱い眼差しでその魅力を語りました。

卓球は、5歳で初めてラケットを握っても、15歳でメダルを取れる可能性のあるスポーツであるということ。貧富の差、性別の差、体格の差が勝敗に響きにくいスポーツであること。いま、沖縄は貧富の差が拡大していて、貧困率が全国平均の2倍と言われています。そんな中でお金をかけずにチャンスが与えられるのが、卓球というスポーツであると。

「そんなスポーツ、ほかにあるか？」と、松下さんは僕に問いかけました。

現在、日本での卓球人口は約800万人と言われています。趣味で楽しむ人も多く、生涯、人から愛されるメジャーなスポーツのひとつです。そして福原愛ちゃんや水谷隼選手、張本智和選手などスター選手の活躍も目立ってきていました。つまり、それだけ日本の卓球が強く注目される競技になっているということです。

松下さんは、これからの日本の卓球界をもっと盛り上げるために、卓球のプロリーグを設立しようとしていました。真剣な表情で語られるその話を聞いているうちに、この卓球というスポーツは、僕が持つ「志」と深くマッチしていることに気がつきました。それまで、Bリーグや J リーグからも社長就任依頼の話はもらっていました。でも、ここまで志を叶えられると直感したのは、このときが初めてでした。

卓球初心者と言いましたが僕は、それまであまり積極的にスポーツをやるようなタイプでもありませんでした。スポーツを楽しむゆとりのない半生だったとも言えるかもしれません。そんな僕が松下さんに会うことになったのは、親しい仲のハンドボール日本代表の元キャプテンで、現在当社（琉球アスティーダスポーツクラブ）の取締役でもある東俊介に「おもしろい人がいるから会ってみてくださいよ」と言われ、誘いを受けたことがきっかけです。僕の人生が大きく動き始めたのです。

即断は、「志」に合ったから

僕は常に「弱い地域や、弱いものに光をあてる社会をつくりたい」「誰もが夢に向かってチャレンジし、実現できる世の中にしたい」と考えています。

そして、その志に合ったことだけをやると決めて、これまでも様々なビジネスを展開してきました。松下さんから卓球チームのオーナーにならないかと打診があった当時、僕は、中小企業や個人の方がビジネスでひと回り大きくなるためのコンサルティング活動をしていました。日本最大級の経営者交流会を全国各地で開催し、企業が株式上場をしたり大きな企業へと成長していくサポートをしたりしていました。年商1億、2億の企業を時価総額10億、100億の企業にしていく。企業のビジョンや夢を叶えていくことが僕の志とマッチしたビジネスだったのです。

「卓球は、生まれつき体が大きく力が強いもの、お金をたっぷりかけて機材を揃え、レッスンを受けられるものだけに光があたる競技ではない」。松下さんのことばは、僕の心に強く突き刺さり、結論に至るまで時間を要しませんでした。プロチームを引き受けよう、と決めてから約1カ月後に、僕は会社を設立しました。

いま、僕の会社「琉球アスティーダスポーツクラブ」がある沖縄の中城村というところは、人口約2万人の村です。オフィスの家賃は、4万8千円。この数字だけを見て、強いか弱いかをパッと判断したら「弱い」と人は思うでしょう。でも、当社は設立3年で日本一のプロチームをつくり、スポーツチームとして日本で初めて株式上場をした会社になりました。

弱いものが、強くなれる。志があるところには、必ず道が拓けるのです。そのことを、これから本書を通じてお伝えしていこうと思います。

まず、僕がなによりも「志」にこだわるのは、理由があります。それは、僕が生きるうえで経験してきたことに深い関係があります。

家業の倒産、父の蒸発

少し、僕の生い立ちの話をさせてください。いま、沖縄で企業を立ち上げ「沖縄から世界へ行こう！」というスローガンを掲げている僕ですが、ふるさとは秋田県です。父親が建設業を営んでおり、なに不自由のない子ども時代を過ごしました。ただ、すごく元気というか、やんちゃな10代へと成長し、高校受験にすべて落ちるというレアな出来事に遭遇します。もちろん、自分が勉強せずに遊んでいたのだし、素行も良いとは言えませんでした。しかしお坊ちゃん育ちだった僕にとっては初めての挫折で、大きなショックを受けました。親の力にばかり頼っていた自分をかえりみて、「これからは自分の力で生きなくてはいけない」と思いました。すぐにアルバイトをしながら予備校に通う生活が始まりましたが、周りの人から馬鹿にされたり後ろ指を指されているように感じて、むしゃくしゃしていたのを覚えています。当時の友人たちから楽しい高校生活の話を聞いて疎外感に苛まれることもありました。

「一度大きく転んだのだから、ただでは起きないぞ。良い高校に、そして難関の大学に行ってやる！」

コンプレックスをバネに、僕はそんな決意をしていました。しかし、全ての高校に落ちるくらいの学力ですから、人の何倍も努力しなくては追いつくことはできず、僕は一心不乱に勉強をしました。そんなときに出会った予備校の佐藤先生は、僕の人生の最初のキーパーソンかもしれません。上手に僕のモチベーションを上げてくれたおかげで、偏差値が30近く上がったのです。このことは僕にとっての成功体験だったと言えます。さらに佐藤先生は「早川くんは、県外の高校に行きなさい」と言ってくれました。いくら自分が変わっても、周りにやんちゃな友人がいたら元に戻ってしまうことが見えていたのでしょう。佐藤先生は「人間が成長するには、環境が大事である」ということを教えてくれたのだと思います。

故郷の秋田から遠く離れた千葉の進学校を受験した僕は、面接官に「君、東大に行けると思う？」と聞かれ、躊躇なく「はい、行きます！」と答えていました。

その高校は、僕の偏差値から考えれば高嶺の花だったのですが、やる気を認めてもらえたのか合格。同級生たちより1年遅れ、晴れて高校生になることができました。予備校で必死に勉強した経験が、僕のなかで確かな自信になっていました。

地元で自分を馬鹿にしていた人たちを見返したい。その思いで入学後も必死で勉強を続けました。その頃、僕は寮生活を送っていたのですが、そこは極端な体育会系というか、まるで塀の中というか、本には書けないくらいの過酷な生活を強いられる寮で……。世の中の矛盾や不合理というようなものが身に沁みる毎日でした。でも、押し付けられれば押し付けられるほど、自分の芯となる思いはグッと強くなっていくのも感じていました。寮生活での過酷な経験も、自分がつくり上げたい社会の姿を夢見るエネルギーになったのではないかと思っています。

「地元の人間を見返したい、ここで逃げたらダメだ」。その一心で勉強し続けた僕に、少しずつ大学にも受かるのではないかという道筋が見えてきました。もしかしたら国立大学にも行けるのでは……そんな夢も膨らんできた矢先、一気にどん底まで突き落とされるような出来事が降りかかります。

センター試験（現在の大学入学共通テスト）でなかなか良い点数が取れたことを自己採点で確認できた僕は、その報告をしようと実家に電話をかけたのですが、つながらないのです。しばらくして伯父から連絡があり、「すぐに秋田に帰れ」と言われました。父親の会社が倒産し、さらに父親がそのままいなくなってしまった。蒸発してしまったのです。実家に帰ると、疲れ切り、途方にくれる母がいました。聞いてみると、父親の会社が不渡りを出して、銀行の担当者が家にやってきたとのこと。「破産はしなくてはいけないかもしれないけど、もう一度チャレンジするなら融資しましょうか」と言われた父親は「考えてくる」と言ってふらりと外出したきり、帰ってこなくなったのだそうです。

一体どうすれば良いのか分からないまま相談に行った行政の対応は、本当に冷たいものでした。社会基盤は、こんなにも弱いものに冷たいのか。あのときの僕の気持ちは、絶望と呼べるものだったと思います。

法律家になりたい！

そんな僕たちを親身になって助けてくれたのは、幼なじみから紹介された弁護士の先生でした。法人破産の手続きなど、本来ならば３００万円くらいはお支払いすべき案件を、儲けなどないような金額で引き受け、必要な手続きを済ませ、行政とも渡り合ってくれました。世の中にはこんな人もいるのかと感動した僕は、思わず先生に尋ねました。

「僕も、先生みたいに本当に困った人を助けられる法律家になれるでしょうか」

先生は「なれますよ」と言ってくれました。君は、人の痛みが分かるから、と。

そのときに僕は「法律を学ぼう。弱いものを守れる人になろう」と決めたのです。困っている人を助けるために法律家になる！　まだ法律のことを何も知らない僕のこの考えは、大人が見たら、若者の思い込みや勘違いと思われるかもしれません。

でも僕は、勘違いは意外と大事なのではないかといまでも思っています。頭を使い

「真っ当なこと」を考えて行動しようとするから、志はあるのに行動できなかったり結果が出なかったりする。こんなことは、知識がある大人ほど起きているように思います。勘違いの繰り返しが経験値となり、成長していくことは確かにあると思います。

「必ず迎えに来るから、待っていて」と母に約束し、僕は、東京・荻窪でボロボロの木造アパート暮らしを始めました。家賃は、2万4千円くらいだったでしょうか。4畳の部屋、共同トイレで、風呂もないところでした。新聞配達やコンビニ、居酒屋でアルバイトをしながらお金を貯め、いちばん安い学費で法律を学べる夜間の大学に入学しました。古本屋で買ったのだったか、知り合いがくれたのだったか……僕は古い六法全書をいつも持ち歩いていました。当然のことながら六法全書は、法律が変わるたびに新しいものに買い替える必要があるわけで、僕が持っているものは全く役立たないものだったのですが、それは後から知ることです。

大学3年で司法試験に受かって故郷にいる母を東京に呼ぶということが、僕のモチベーションになっていました。毎日銭湯に通っていたのですが、僕の家から銭湯までの道中には結構いいマンションが建ち並んでいました。同世代の人たちがいい車に乗ったり、綺麗な女性を連れていたりするのを見て、彼らと自分を比べてしまい複雑な気持ちにもなりました。とにかく、お金がなかった。しかし僕は確信していました。いまに、絶対に良い暮らしができる。この人たちには負けない暮らしが、僕にはできると。いま一生懸命やっていることは、後で必ず返ってくると信じていました。そう考えなければやっていけないくらい必死だったとも言えるのかもしれません。父親が蒸発してしまってからも、いつも僕は前を向いて生きていましたが、前を向いていなければ、僕の人生は終わっていたかもしれない。いま振り返ると、当時の自分をそんなふうに思うこともあります。

六法全書が運んだ縁

昼間はいろいろなアルバイトをして、18時半位から大学の授業に出ていました。ある日、僕が持っていた古い六法全書が、新しい縁を引き寄せます。後ろの席の女の子が「あれ、司法試験を目指してるの？」と声をかけてきたのです。そうだよ、絶対に在学中に合格するんだと伝えると「今度、弁護士の先生と食事に行くんだけど、一緒に行く？」と誘ってくれました。赤坂にあった旧ＴＢＳの地下、中華料理の店で彼女が紹介してくれたのは、佐藤明夫さん、佐藤貴夫さんという弁護士。実はお二人は業界でも相当な実力者の息子さんたちでした。僕はそうとは知らず「こういう普通の名前の人でも弁護士になれるのか」と妙なところで感心しながらいまがチャンスだと、なぜ自分が法律家になりたいのかを話し、法律事務所で働きたいということを伝えました。するとその弁護士の先生は、親交のある「新銀座法律事務所」の所長を紹介してくださいました。当時銀座の真ん中にあったその事務所に履歴書を送り、面接を受けられることになりました。僕はスーツを持っていなかったので、友人のおしゃれなポール・スミスのスーツを借りることにしました。

黄色のチェックのシャツと派手なネクタイ。サイズも合っていません。法律事務所の面接に行くような格好ではなかったことは確かです。

面接では厳しいことを聞かれたりすると思っていましたが、質問は世間話ばかり。「佐藤先生とは食事に行く間柄なの？」という質問には、一度行ったことがあるからそういう間柄だと考え「はい！」と答え、「コンピュータは使える？」と聞かれたときは、「桃太郎電鉄」はコンピュータに入るのだろうか、きっと入るだろうと思いながら「はい！」と答えていました。無事に翌週から働けることになりましたが、ワープロの一太郎というソフトを初めて見た僕は、使いこなすどころか「一太郎って誰？」というところからアルバイトの日々を始めたのです。

面接が世間話のようで、しかもなぜかすぐに採用されたのは、同級生の女の子に紹介してもらった弁護士の方がつないでくれたご縁があったからです。その方のお父様は誰もが知る元検事の弁護士で、後に参議院議員となった方でした。それまでも同様のアルバイトの面接を受けたことはあったのですが、僕の経歴を見て採用してくれるところはありませんでした。古い、役に立たない六法全書が、僕を法曹の道のスタートラインに立たせてくれたのです。この経験を通して僕は、自分の思いを発信していくことの大切さというものに気づきました。発信は、応援してくれる人を引き寄せます。採用された僕は、半年後に「正社員になれ」と言っていただけるくらい死にものぐるいで働きました。

政治の道へ

お茶汲みや資料探し、どんな仕事でも効率良く、誰よりも早く、かゆいところに手が届くように……と考え、工夫しながらアルバイトの日々を過ごしていた頃、国会議事堂にお使いに行った際に生まれて初めて国会議員の先生とお会いしました。

僕が法曹の道に進むきっかけとなったお二人の弁護士、そのお父様である佐藤道夫先生という方でした。先生は「おう！　若手で勢いがある人間が入ったって聞いてるぞ。がんばれよ」と、優しい言葉をかけてくれました。初めて国会議員を間近で見た、この経験は、僕の心をまた少し動かすことになります。

法律事務所で困っている人を救う仕事をしながら、僕はずっと根本的な社会制度の矛盾や理不尽を見てきました。そのうちに父親の会社が倒産したときに味わった「なぜ社会は強いものや強い地域にのみ有利に働くのか。弱いものや弱い地域を救う世の中に変えていきたい」という思いが、大きくなってきたのです。やっぱり僕は、世の中を変えたい。そのためには政治家になるべきだ、選挙に出ようと考え始めました。

大学3年生だったあるとき、法律事務所のオーナーから呼ばれて「不動産会社を任せるから、やってみろ」と言われました。投資をするから事業を起こしてみなさい、ということです。「君は、サラリーマンをやるタイプじゃないから」と言いながらオーナーが差し出したのは、5000万円の預金通帳でした。大学生の僕には、夢のような額です。僕はその頃、法律事務所で正社員となり、無料の24時間電話相談窓口を立ち上げ、そのサービスが大当たりしていました。当時としては画期的なサービスで、僕は携帯電話を常に持ち、食事をしているときも寝ているときも常に最優先で対応しました。お客様はみるみるうちに増え、相談ルームがいっぱいになって事務所はビルを買い増しするほどになりました。また、不動産の処理と債権債務に関わる仕事でも僕は結果を出し続けました。そういう僕の働きぶりを見て、オーナーは不動産会社をやれば良いと考え、出資してくださったのだと思います。いまは僕も出資する側なので分かるのですが、「夢があって頑張っている若者だから、お金を出してやろう」というような好意だけで、人は多額の出資をしません。僕に出資をしたら、必ずその後でリターンがある、自分の資産が殖えるだろうと予想をしたのだと思います。そんなことも当時は分からなかったので「なんだろうこのおじいちゃん、いい人だなあ」と単純に考えていました。お金が必要だった僕に起業支援の申し入れはただありがたく、さらに上を目指すためのチャンスとして捉え、不動産会社をスタートしました。3年半ほど働き資金を集め、25歳になって被選挙権が得られたので会社を離れて、本格的に政治に挑むことを決意しました。

もちろんその頃には、母親を東京に呼んで一緒に暮らせるようにもなっていました。

本を読み漁り勉強しながら、1993年に政権交代を実現した当時の政権に興味を持ち、国会議員の羽田孜先生にアポイントを取って会いに行きました。そうそうたる国会議員やSPを引き連れている羽田先生を見て、まるでドラマを見ているようだと思ったのを覚えています。僕の中で「この人だ！」とピンとくるものがあり、羽田先生の右腕に抱きついて「僕を国会議員にしてください！」と言ったのです。

いま考えるとよくあんなことができたものだと思いますが、僕は法律事務所の仕事で議員会館に出入りをするうちに、人を見る「勘」のようなものが身についていました。元総理や大臣、三役クラスの方々など実力者が持つ強いオーラや存在感に舞い上がらず冷静に見られるようになっていたのです。だからこそ、羽田先生こそ自分がついて行くべき人だと気がつくことができたのだと思います。羽田先生は驚くことに「おまえは目が違うから、なれる」と言って、僕を秘書にしてくれたのです。政治も知らない、世の中も知らない若造だった僕を、です。農林水産大臣、大蔵大臣、外務大臣など主要な大臣を歴任して、短期間ながらも内閣総理大臣まで務めた羽田孜先生のもとで、28歳で衆議院選挙に出るまで僕は不眠不休で働き、多くのことを学ばせていただきました。実は、僕は羽田先生を「親父さん」と呼んでいるので、ここでもそう呼ぶことにします。僕の「志」、その後卓球業界に入り、それまでのスポーツビジネスの常識をひっくり返すようなことを次々に実現してきた僕のベースにある信念は、親父さんのもとにいるときにつくられたものです。親父さんのそばにいた経験が、いまの僕を支えています。

〝親父さん〟のそばで学ぶ

僕は〝親父さん〟羽田孜の秘書として、いわゆる丁稚奉公のような感じで必死で働きました。1日3、4箇所で催されるパーティーを一緒に回ったり、出張に同行したりしながら、選挙活動の基本や国政について学び、いまの日本が抱えている問題について深く考えました。さらに親父さんを通して人との付き合い方、政治家としてあるべき姿、どういう信念を持つべきかなどを体得していきました。この経験は、僕の一生の宝といっても過言ではありません。自分が社会においてどうあるべきかという方向性を、僕に明確に示してくれたのが親父さんなのです。

忘れられないエピソードがあります。その頃多忙を極めていた親父さんがあるパーティー会場での挨拶を終え、次の会場に向かうときのことです。親父さんの顔が非常に疲れている様子だったので、僕は「今日はもう宿舎に帰りましょう。この体調でいらっしゃれば皆さんかえって心配されます。別の方に行っていただきましょう」と言ったのです。僕がしたことは秘書として当たり前のことだと思っていました。しかし親父さんはすごい剣幕で僕を怒鳴りつけました。「ばかやろう！おまえは、政権交代前に俺を殺す気なのか！」

志を実現しないことは親父さんにとって死ぬこと同然なんだとそのとき理解し、僕は、怒鳴られたのに心が震えて涙がこぼれました。民主主義の国で当たり前に行われるべき政権交代が可能な社会の実現を、親父さんは目指していました。自民党に居続ければ、もっと楽に政治家として生きていくことができたと思います。それでもどうしても自分が実現したい社会の姿があったから、体に鞭を打って新党をつくったのです。そういう「志を叶えにいく、やり遂げる人生」を生きることは、とてもかっこいいと僕は思いました。いま、僕は当社の社員たちにも「僕よりも経営の手腕がある人が来たら、僕は辞めるよ」と明言しています。企業だって、政治と同じです。循環していくこと、澱《よど》ませないことが大事だと思っているからです。

知らない土地で、衆議院選挙に出馬

2005年、28歳の時に、僕は鳥取1区から国政選挙に出馬します。最大のライバルは華々しい経験と実績のある二世議員でした。日本では、選挙で当選するためには、「ジバン（地盤）、カンバン（看板）、カバン（鞄）」という〝三つのバン〟が必要だと言われています。理想としては、政治家は優れた政策や資質、能力で選ばれるべきですが、実際の当落は後援組織の充実度（地盤）、知名度の有無（看板）、選挙資金の多寡や集金力（鞄）に依存している場合が多いのです。それらひとつも持っていない僕が議員のバッジを堂々とつけるのにはどうしたら良いだろう。僕の出した答えは「知事の息子か大臣の息子、三つのバンを持っている人に選挙で勝つこと」でした。その両方を持った候補者と争える場所だったから、僕はゆかりのない鳥取1区で出馬したのです。実は26歳の時にも秋田1区から選挙に出る予定で、ほぼ内定をしているような状況だったのですが、知事の息子に話を取られてしまったのです。だから余計に、そういう相手と戦いたいと奮起していました。

鳥取に着いた僕は、新聞記者たちから質問攻めにあいました。

「早川さん、鳥取には来たことがあるのですか？」

僕は答えました。

「はい、日帰りで一度だけあります！」

「こちらに親しい方はいるのですか？」

「すみません、これからつくります！」

すでに記者の方々は、笑っていました。

最後にこう聞かれました。

「早川さん、勝算はあるのですか?」

「すみません、負ける気がしないです。勝算は、あります!」

勝算がある。この言葉の重みは、28歳の僕にはまだ分かっていなかったのかもしれません。夕方のニュースや翌日の朝刊に大きく「『負ける気がしない』早川氏」の文字が掲載されました。縁も実績もない若者が堂々と「負ける気がしない」と言っている。きっと生意気だったでしょう。腹を立てた人もたくさんいたことだろうと当時を振り返って思います。しかし結果として、僕の発言は大きな宣伝となりました。少なくとも何十万人という人が興味を持ってくださるきっかけとなったのです。後援会の後押しもあり、約5万票が集まったという事実。もしも強い思いがあるならば、それを自分の言葉で伝えることは現実を動かすことになる。そのことをこの時も実感しました。

全力を尽くした選挙を終え、東京へ

この頃の親父さんとのエピソードでもう一つ印象に残っているものがあります。ある日突然、親父さんが「おまえ、サッチャーって知ってるか」と聞いてきました。もちろん、イギリス初の女性首相、マーガレット・サッチャーのことです。「はい！　存じ上げています」と僕は答えました。厳しい選挙区をたらい回しにされても、自分の意志を実現するためにあらゆる試練を乗り越えて全身全霊で挑んだサッチャーを例に出し「おまえも、縁もコネも金もなかった人間なんだ。でも胸を張って、思い切り自分の志を貫いてこい」と言ってくれたのです。僕は感動してしまい、親父さんの顔を見ることができませんでした。厳しくもありましたが、あれほど多くの人間関係がある中で僕のことを最後まで励ましてくれた人でした。入院していて体調が悪いなか、ＳＰに抱えられるようにして僕の結婚式に来てくれたことは一生忘れられません。

多くの方々に支えられ、無我夢中で、寝る間も惜しんで僕は選挙活動にいそしみました。極度の疲労からか、選挙運動の最終日にそのときの感情とは関係なく涙がポロポロとこぼれました。人々の前に立ちながら、ハンカチでぬぐっても止まらない涙に困ったことを覚えています。そうして全力を尽くしましたが、選挙の結果は落選。次の選挙の公認内定者にもなっていたのですが結局次の選挙で出馬はせず、東京に戻ることを選択しました。

短期間ではありましたが、政治に携わった経験は、僕にたくさんの気づきを与えてくれました。ビジネスでは、スピーディーに物事を解決するために決裁権のある方にお会いしていくことがほとんどです。しかし、政治の世界は一人ひとりが自分の支援者になりえ、ともに社会をつくる仲間でもあります。だからこそ、自分の情熱を精一杯お伝えし、ご理解いただくことに全力をかけられるのです。選挙活動の演説中、最初はこちらを見ることもなく通り過ぎていった人々の中から、毎日話しているうちに会釈してくれる方や手を振ってくれたりする方が現れました。なんてありがたいのだろう。やっぱり思いや情熱は発信し続けていれば必ず伝わるのだと確信しました。この方々のうち幾人かが、自分に貴重な一票を投じてくださっていると思うと、何か恩返しをしたい「日本を良くしたい」という気持ちが溢れてきたものです。

東京に戻った僕に、起業した頃の仲間たちから会社の役員・アドバイザーになってほしいという依頼が数多く寄せられました。彼らと話すうちに、日本で一番ベンチャー企業に特化した経済団体をつくろうと思い立ち、信頼できる仲間たちに協力を呼びかけました。どんどんその輪は広がり、日本最大級の「ベンチャーマッチング交流会」を開催するようになり、中小企業のコンサルティング事業を展開していきました。

Episode 1

神様はちゃんと見てくれている　坂東多美緒様

ある月例の役員会で、今月中にどうしてもあと2000万円以上のスポンサーを獲得しなければならないことが課題として上げられました。その当時、スポンサーを獲得できるのは僕一人という状況でした。どうしたらいいか考えていたところ、当時通っていたビジネススクールで、思いがけない人と遭遇しました。10年来の付き合いがある坂東社長でした。

坂東社長は、中学を卒業後、単身で渡米。帰国後、様々な仕事を経て、新興の不動産会社に入社。役員時には会社を上場へと導き、あらゆるセクションの統括責任者として活躍後、独立した敏腕経営者です。僕はすかさず彼と授業後に会う約束を取り付けました。授業後に合流した彼に僕は開口一番「スポンサーになってほしい」と伝えたところ、その場であっさり承諾してくれ、しかも「スポンサーにさせてくれて感謝しています」とも言ってくれました。情に厚い彼は、いままで彼自身が困難に遭遇した時、僕が彼に対して行ってきたことを覚えてくれていたのです。

僕は常に**「GIVE, GIVE, GIVE, GIVEのあとにTAKE」「恩義恩情を大切に」**を信条として行動し、社員たちにも日々伝えています。人を大切にしていると、時にこのような形で返ってくる。このときばかりは、「神様はちゃんと見てくれている」と感じずにはいられませんでした。

第2章
★★★

会社設立～
Tリーグ開幕

Tリーグについて

話を卓球に戻しましょう。Tリーグについて、少しご説明をします。少子化が進んでいる日本ですが、卓球をする中学生は増えているようです。レジャーで楽しむ人を含めると、日本の卓球人口は約８００万人（19年度の競技登録者は約35万人）とも言われています。卓球はほかの競技と比較して運動強度がそれほど高くないため、幼児から高齢者まで一緒に楽しめるスポーツでもあります。子どもの頃の福原愛ちゃんがテレビ番組の中で卓球をしているシーンを見たことがある方も多いことでしょう。同じ理由で男女により力の差も生じにくく、「どんな人も一緒にひとつのテーブルを囲んで楽しめる」珍しい競技でもあります。日本は、水谷隼選手や伊藤美誠選手、張本智和選手をはじめ世界大会やオリンピックでメダルを獲得するレベルの人材が豊富に育っており、それらの代表選手に憧れて、卓球を始める人も少なくありません。

一方、世界に目を向けてみますと、卓球の競技人口は約3億人以上、世界人口の約4％を占めています。そのうち約1億人が中国の選手で、卓球ファンや楽しみとして競技を行う人は約8億5000万人以上という統計もあります。

卓球の歴史を振り返りますと、日本は、1952年から世界選手権に出場。1970年代後半までは「卓球ニッポン」と呼ばれるほど、世界でも強豪国でした。1988年に卓球がオリンピックの正式種目になると、世界各国が選手の強化に力を入れ始め、日本はメダル獲得が難しくなっていきます。世界には、60年の歴史を持つドイツのブンデスリーガをはじめロシア、スウェーデン、フランス、そして中国など、卓球強豪国はプロリーグを持っています。選手のプロ化、コーチの育成など、強い選手を育てる環境を、お金をかけ、そして明確な目標を立てて整えていたのです。その頃日本は、実業団リーグこそ発足していましたが、世界的トップ選手を育てる体制があるとは言えませんでした。実業団の選手は、企業に所属し仕事をこなしながら卓球の練習をします。1日の練習時間はせいぜい2〜3時間。海外のプロ選手たちは毎日6〜8時間の練習を続けているのですから、差がつくのは当然といえます。選手たちは専用の練習場もなく、専属のコーチもついていない、そして実力に見合うほどの契約金や報酬を得ることもできないという状況でした。

日本の卓球を再び強くしなければいけない。そう考えた日本卓球協会の首脳陣は、子どもの頃から強い卓球選手を育てる戦略を立てます。全国から有望な小学生を集めて小学生のナショナルチームを立ち上げました。その一期生にはＴＯＫＹＯ２０２０で金メダルを獲得した水谷隼選手も含まれています。

日本におけるプロリーグ創設の動きは、２００８年、北京オリンピックで期待されながらもメダルを逃したことで本格的に始動します。オリンピックでメダルを取るためには、やはりプロリーグが不可欠だという意見を受けて「日本卓球トップリーグ発展スタディチーム」というプロジェクトチームが立ち上がり、２０１８年にＴリーグが開幕するのです。

Ｔリーグは、「世界ナンバーワンの卓球リーグを実現する」という理念のもと、プロ・アマチュアの区別なく誰もが参加できる、世界一開かれたリーグにすることを目標に掲げています。そして、これらの環境が整い、世界のトッププレイヤーが多数参加したことで、日本のプレイヤー自身も国内にいながら、世界と戦える環境が整いつつあります。僕は、このような世界最高峰のプロリーグにおいて、沖縄から世界と戦えるプレイヤーが誕生・活躍していける場を「琉球アスティーダ」を通して創り出したいと考えています。

話がちがう！

銀座の喫茶店で卓球やTリーグの創設について熱く語る松下さんの話を聞いた僕は、即断でプロスポーツ卓球チームを引き受け、チームの受け皿となる運営会社を設立することを決意しました。自分の志が、卓球というスポーツを通じて叶えられるかもしれないと思い、「これは楽しそうだな」とワクワクする感じもありました。僕は新しく何かを始めるとき、この「楽しそう」と感じることもとても大切にしています。いつもおもしろ楽しくご機嫌で、好きな人たちを信頼して仕事をしたいと思っているのです。ですから、このあと起きる出来事は余計にショックが大きいものでした。

関係者からは「スポンサーがすでに数社内諾をしている。リーグからの分配金もあるので、会社運営のための資金については何も心配することはない」と聞いていました。

そのスポンサー企業は、誰もがその名前を知っているような日本でも有数の大手企業3社でした。それぞれA社は4000万円、B社は3000万円、C社からは2000万円のスポンサー費用が支払われる予定とのことで、そのほかリーグからの分配金や放映権料などすべてを計算に入れれば、当面は自分の資金をあてることなくチーム運営ができるという話でした。ところが後日、秘書と一緒にA社に訪問させていただいて先方の部長とお会いし、最初に言われた言葉は実に驚くべきものでした。

「今日は、どういったお話でしょうか。Tリーグのスポンサーのお話でしたら、厳しいと思います」

予期せぬことで、何を言われたのか、すぐに理解できませんでした。そして非常に嫌な予感がしました。そもそも先方はTリーグのスポンサーの話だと思っていて、Tリーグに所属するクラブ「琉球アスティーダ」のスポンサーの話だとは全くご存知ない様子。最初から、話は大きくズレていました。それでも僕はスポンサープランを3案用意して、一生懸命プレゼンをしました。しかしお話をよく伺ってみるとA社はすでに、オリンピック日本代表チームのスポンサーをされているとのこと。確かに、選手たちの胸にはA社のロゴがしっかりと入っています。十分なスポンサー費用を払っていて、企業名も浸透しているのに、さらに卓球のスポンサーをする理由はない。それはもっともなことでした。

A社との打ち合わせを終え、エレベーターを降りるとき、僕と秘書は一緒に呆然としてしまいました。話が通っていないということを超えて「はめられた、騙されたんじゃないか」とすら思いました。20年以上経営者をやっていて、あれほど大きな恐怖を感じたのは初めてのことでした。ちなみにB社、C社も同じような感じの対応でした。僕がチームを引き受けた大前提は全てなくなり、スポンサーを探すところから、まさにゼロからやらなくてはいけないという状況になりました。

いままでのビジネスで知り合った経営者仲間に連絡を取りながら、必死でスポンサーを探す日々が始まりました。そのときのことは後述しますが、Tリーグが開幕する1週間ほど前にさらにショックを受ける出来事が僕を直撃しました。リーグ側から「入会金の2000万円、年会費1500万円、合計3500万円を支払わなければリーグに参加させない」という旨の連絡が来たのです。こちらはオーナーとなりチームを引き受け、ビジネスの契約をしているのに、こんなに筋が通らない話があっていいのだろうか。ビジネスとは、契約の合意をベースに「恩義恩情」が大切に守られるものだと僕は経験から実感しています。

ビジネスにおける僕のモットーは①即断②即決③実行④責任です。スピーディーに判断し、決断したことに対しては〝お互いが〟責任を負いながらベストな形に向けて実行していきます。一度言ったことは最後までやり切ろうという責任が双方にあります。そこには信頼関係というビジネスにとって最も大切なことがあるのです。

そういうことに関して日本は、相手を信じる気持ちや温かみなど、外国と比べると特に熱いものがあると感じていました。しかしそれは、スポーツ業界では通用しないことなのだろうか。僕は、経緯をリーグに説明し、これ以上筋が通らないことをするならばリーグには出ないと伝えました。

当時、リーグ側にも思ったようにスポンサーが集まっていないからこそ起きた事態なのですが、もし我々が出ない決断をしたとして世の中から叩かれたとしても、こちらからも明確な釈明はでき、選手たちのことも守れるとそのときの僕は考えていました。何より強く思ったのは、スポーツビジネスの世界がこのままではいけないということ。当たり前のことを当たり前に主張できる業界に変えなければならない。ともすれば業界の歴史を変えるくらいのことをしなければいけない。目の前にそびえる高い壁を前に、僕はそう考えていました。

「琉球アスティーダは、年会費も払えないらしい」。そんな噂も出たようです。横のつながりよりも縦のつながりが強く、狭い卓球業界では、先輩が言ったことは全て事実として、固定観念として根付いてしまいます。僕は、スポーツビジネスに参入して間もないうちに「年会費も払えないのにチームを引き受けた、とんでもない社長」という目で見られるようになっていました。

なぜ、スポーツにお金が集まらないのか

卓球チーム「琉球アスティーダ」の運営会社を立ち上げ、日々足を棒にしてスポンサー開拓のための企業訪問を繰り返しながら、各企業で同じようなことを幾度も言われました。「早川さんのプレゼンはとても素晴らしいです。でも、我が社は現在株価が低迷していて、スポーツチームのスポンサーになることは無理です」

僕がこれまでの仕事で知り合った仲間の中には、無理を承知のスポンサー依頼に「早川さんの役に立てるなら嬉しいです」と何も言わずに承諾してくれた人もいました。一方で「早川さんのビジネスだったらいくらでも出資したいよ。でもスポーツチームのスポンサーは、難しい」と言われることも多かったのです。企業の株主であれば、株価の上昇・リターンを期待できます。しかし、スポーツチームのスポ

ンサーの見返りが見えづらいのは、その時点での明白な事実でした。いくら卓球を、スポーツを盛り上げたい！と志を熱く語っても、結局どれくらい自社のロゴがアピールできるのかという「露出換算」の話に帰結してしまうのです。

訪れた企業も仲間たちも言った、同じようなセリフ。これで、僕はスポーツ業界にある根本の課題に気がつくことになります。

こんなにも夢と感動を与えるスポーツに、なぜ日本人はお金を出さないのだろう。

中世の時代からスポーツや芸術は、どれほどテクノロジーが進化しＡＩが当たり前の世界になっても、それ自体が消えるものではありません。なぜかというと、エモーショナルなもの、人の心を揺さぶるものだからです。スポーツは時代を超えて残っていく価値の高いものなのです。２０２１年に開催された東京オリンピック（ＴＯＫＹＯ２０２０）も、新型コロナウイルスの感染者が増え続ける中での開催で問題も山積していました。しかし全力で競技に挑む選手の姿や数々の奇跡のようなシーンに人々は熱狂し、感動しました。そういう価値の高いものにお金が集まらない、お金が循環しないという状況に、僕は疑問を持ったのです。

僕は興味があることについてはとことん突き詰めて調べ考える、オタク気質なところがあります。琉球大学で客員教授をしたり、MBAビジネススクールで講師をしたりしていますが、経営を理系的視点から分析していくのが得意なのです。このときも海外のスポーツチームの事例を含め、片っ端から研究しました。イギリスでは法人の20％がスポーツに出資していると言われているのに、日本はたったの5％ほど。お金が集まらないとき、またビジネスがうまくいかないとき、その背景には必ず理由があります。野球やサッカーはもちろん、様々なスポーツチームそれぞれが抱える事情やスポンサーとなる企業の意向を調べ上げ、スポーツ業界にお金が集まらない三つの理由に僕なりに辿り着きました。

1　ガバナンス（統治）がきいていないこと

経理と財務が分かれていなかったり、内部監査がされていなかったり、監査法人や証券会社がついていないなど、企業にあるべき規定が定まっていない。つまり、企業としての体がなっていないから、いくらスポーツの素晴らしさを理解しても、どうなるか分からない未来を信じて企業がお金を払うことはできないのです。

2　ディスクロージャー（情報公開）がされていないこと

PL（損益計算書）やBS（貸借対照表）などの財務諸表を開示したがらない体質をはじめ、情報を外に出さず閉鎖的なケースが多く見られ、これも不信感のひとつとなっていると考えました。

3　上場会社が1社もないこと

市場からプライシングを受けていないということは、公正な評価が得られていないということです。価値があいまいな企業にビジネスとしてお金を出したいと思う人はいません。上場しているスポーツチーム運営企業がないということ、それはつまり「スポーツは儲からない」と認識されているということです。

株式上場を決意する

スポンサーが見つからない理由は見えました。つまり、適切な市場から、適正なお金を、適正に集められる仕組みをスポーツ業界は持っていなかったのです。それでは、それをどう解決していくのか。僕が出した結論は、「我々のチーム、琉球アスティーダが、日本のスポーツチームとして初めての株式上場を成し遂げよう」ということでした。誠意を持って出資してくれた企業へ、誠意を返す。ビジネスとして、当たり前のことをしよう。スポンサーになるメリットが「選手の胸に企業名がつく」ということだけではなく、またそもそもスポンサーやチケット収入に頼った仕組みではなくて、我々はスポーツを基軸としたBtoC、BtoBのマーケティング会社をつくろうと決めました。そして設立から3カ月後には上場に向けた準備を始めました。

僕はそれまで中小企業の上場をサポートしてきた経験から、様々なケースを見ていましたが、今回の上場にはよりいっそうの困難が待ち受けるだろうということは予測していました。しかし現状を変えるにはこれしかないという、不退転の気持ちで臨みました。僕を待ち受けていたのは想像した通り、いや、想像以上の困難でした。

2018年2月23日、僕は「琉球アスティーダスポーツクラブ株式会社」を、資本金100万円で立ち上げました。なぜ100万円だったかというと、インターネットバンキングの上限額が100万円だったからです。プロチームをTリーグに参戦させることが決まり、運営法人をすぐに設立しなければいけなかったので、スピードを最優先にしました。そしてその後すぐに、株式を100分割しました。

株式の分割とは、会社の将来価値を示して、たくさんの投資家が株を買いやすくするために行います。株の売買は、基本的には100株単位の取引です。そうなると、1株1万円の株価の場合、企業の株を買うためには最低でも100万円が必要になり、一般の投資家では買いたくても買えないということがあるのです。そこで、株を分割することで1株の値がたとえば500円になれば、100株買うとしても5万円あれば投資ができます。それと同時に短期・中期・長期の事業計画を作って、半年ほどで知り合いの個人投資家からの出資により3550万円を集めました。大親友と言える仲間、一緒にビジネスをして信頼し合える仲間など、二十数年前に起業してからお付き合いがある経営者仲間たちが、僕が会社を設立した話を聞いてすぐに出資してくれました。「恩義恩情こそが、天下の回りもの」ということ、このときもそのことを強く実感しました。Tリーグが開幕する1週間ほど前に突然支払うように通達された金額も、開幕後1、2カ月で集まりました。

僕は、損得勘定を抜きにして人と付き合ってきたという自負があります。まずは相手にとってメリットがあることをしようと、できる限り相手のためになることを繰り返してきました。初対面の人には「私は何をしたら役に立てますか？」と聞いています。そしてその積み重ねはいつも、大きな力になって返ってきました。今回も設立した「琉球アスティーダスポーツクラブ」の株主になってくれた人、チームのスポンサーになってくれた人たちから、大きな力をいただきました。「ただ、相手に喜んでほしい」という行動を繰り返したことが、僕が歩く道を照らしてくれたのです。

日本で、プロスポーツチームの株式上場というとまだ違和感があるかもしれません。琉球アスティーダが上場するにあたっては、日本で初めての事案だからこそ数々の困難がありました。しかし、欧米では決して珍しいことではなく、多くのＩＰＯ（株式上場）が過去に行われています。２０１２年8月にはイングランドのプロサッカーチームであるマンチェスター・ユナイテッドがニューヨーク証券取引所に株価14ドル台、時価総額23億ドルで上場し、１億ドルを超える資金を調達しました。上場会社に求められるのは成長性ですが、マンチェスター・ユナイテッドは総合エンターテインメント会社のような事業展開を行うことで成長を続け、さらにはアジアなど新たなマーケットへの展開を始めています。

一般的に、株式上場をする背景には資金を調達しやすくなるというメリットがあります。上場会社であるということは、市場で信頼があるということです。金融機関からの融資も受けやすくなるでしょう。社債を発行したりと、調達方法の選択の幅も広がります。調達した資金をもとに顧客満足のための施策やチケットやグッズの購買行動を促進する施策、専用スタジアムの建設や補修、有能な選手の獲得など、チームがさらに強く、魅力的になる好循環を生み出すことが可能になります。また先に述べたように、上場会社になることで決算書をはじめ運営内容を正確に投資家に開示し、クリアな運営をすることにつながります。そんなチームが増えれば、そのスポーツ競技の未来は明るいと言えます。

プロチームを編成する

Tリーグの開幕に向けてプロチームを編成しなくてはいけません。Tリーグに参戦するプロチームには、世界ランキング10位以内の選手が含まれていることなどをはじめ、規則がいくつかありました。選手たちはレベルによってSランク、トリプルA、ダブルA、Aランクなどとランクづけをされています。ランクづけの条件として、たとえばSランクにおいては次のようなものがあります。

・ワールドランク20位以内（直近2シーズン以内）
・オリンピック・世界選手権でシングルスベスト8以内（直近4シーズン以内）
・オリンピック・世界選手権で団体優勝（直近4シーズン以内）
・ワールドツアー（グランドファイナル・T2ダイヤモンド・プラチナ）で優勝（直近2シーズン以内）

僕にチーム運営を打診した松下さんからは「優勝するチームを作れる。強い選手を紹介するから大丈夫」と言われていました。そこで初めて会ったのが、TOKYO2020でも団体で銅メダルを獲得した丹羽孝希選手。そして村松雄斗選手、松平賢二選手でした。東京・初台の東京オペラシティ内にある「叙々苑」で、一番奥の個室を予約し、初めて彼らと対面しました。「まずは名前からしっかり覚えなければ！」と思っていた僕でしたが、外の世界から遮断された状況で卓球に打ち込んでいる卓球エリートの彼らには、派手さや賑やかさはないけれど誠実な人柄を感じ、安心したのを覚えています。ほかにも台湾で実力ナンバーワンでありロンドンオリンピック4位の荘智淵選手や、荘選手と並び台湾のエースと呼ばれていた陳建安選手、そして日本では福原愛ちゃんとの結婚報道などで一躍その名が知られた江宏傑選手など、世界でもトップレベルの選手をチームに迎え入れることができました。

僕は「日本一のチームを作りたい」とチームを引き受けたときから考えていました。世界から見ても強い選手でチームを構成することができ、開幕戦、もしかすると良いところまで行くのではないかな……と思ってしまいましたが、この考えが甘かったことに気がつくのはもっと後のことです。

両国国技館にて、開幕

Tリーグの開幕戦は2018年10月24日、両国国技館で盛大に開催されました。「卓球を国技にしよう」という強い意志がそこには込められていました。

僕が、チームのオーナーを引き受けた当初からチェアマンである松下さんに言い続けていたことがあります。それは、各方面から注目される開幕戦であるからこそ、試合のカードは一方を地方のチームにしましょうということでした。Tリーグにおいて、男子は東京、埼玉、岡山、沖縄に拠点を置く4チームがあります。世界最高峰のプロリーグにするという目標を掲げているTリーグですから、少なくとも1チームを地方のチームにすることにより、Tリーグが全国区のリーグであることを印象付けることができると思ったのです。松下さんと僕の間での話では、琉球アスティーダと東京のチームで戦う、というプログラムで全国に発信していこうとまとまっていました。ところが蓋をあけてみると、実際のカードは東京のチームと埼玉のチーム、関東のお隣同士の一戦に決定していました。もちろん選手のランクを考えたり、諸々の事情はあったのでしょう。しかし、Tリーグを発展させるためというよりも、おそらくは業界の人間関係で開幕戦を戦うチームを決めたであろうと感じ、残念な気持ちになりました。

開幕戦初日、琉球アスティーダは両国国技館に行かないという決断をしました。リーグが決めた試合カードを僕が変えることはできないので、気持ちを切り換え、地元沖縄でオフィシャルパートナーになっているバスケットボール・Bリーグ「琉球ゴールデンキングス」のホームマッチを当社の冠試合とし、そこで卓球ショーなどを企画して地元・沖縄を盛り上げることにしたのです。もちろん、我がチームも両国国技館に集まるように、リーグ側からは言われました。しかし僕は、それは違うと伝えました。Tリーグはこれから全国に、アジアに、世界に発信していくリーグを目指しているはずです。それなのに、東京と埼玉のチームという、お隣同士のゲームを開幕戦とすれば世界はおろか、日本全国から注目を集めることもできないのではないですか、と。

僕は、スポーツというのは、「地方創生や社会課題を解決する力」があると思っています。そのために、スポーツはあるべきです。地方から強くて有名な選手を生み出すことで、強い日本をつくっていく。そのためには全国を巻き込んでいくことが必要なのです。一極集中型のリーグでは、なかなか所属チームも増えていかないでしょう。これはTリーグの課題であると思っています。

Tリーグ〝全無視〟でいく

リーグに所属するチームでありながら開幕戦初日に行かない。僕がとったこの行動は、Tリーグ批判と捉えられても仕方がないものでした。でもこのとき僕は「ファーストシーズンは、Tリーグ〝全無視〟でやっていきます！」という強い気持ちでいました。気持ちだけじゃないですね。実際にそう言ってしまいました。

僕はスポーツ業界の外からやってきた人間ですが、ビジネスに関してはプロです。その基本はよく分かっています。当時のTリーグが、そしてスポーツビジネスが抱えていた問題、課題が明確に見えていたからこそ、本来あるべき姿をつくっていくために僕が新しい行動をしていく、その後ろ姿を見せていくことが必要だと思っていたのです。また、これまでの卓球業界のならわしやTリーグのスピードで事を進めていくと、僕の志である「弱いものに光をあてる社会をつくること」は叶わないと感じました。ビジネスにおいて、当たり前のことを当たり前にやっていくために、あるべきスポーツ界の姿というのが見えている僕独自のやり方で、僕独自のルートで立ち向かっていこうと決めていました。

開幕前からすでに僕は、グッズを作って販売したりしていたのですが、そのことについても後から「グッズの販売利益の20％をリーグに納めてください」といった新しいルールがリーグ側から出されるようなことがあり、当時はTリーグのやり方に疑問を持つ部分が多くありました。僕はTリーグの実行委員会に入っていましたが、1回目の会議に1時間ほど出て「会議に出る時間があったらスポンサー営業をした方がいいな」と思い、チェアマンにそのように伝えて帰りました。自分の志を叶えていくために誰もやったことがないことをしていくのだから、たとえ最初は少しくらい嫌われたとしても構わないと考えていました（少し、ではなかった気もしますが……）。

「嫌われることが怖い」という理由で自分の主張ができないという場面を、ビジネスの現場でよく見かけます。でも、全員に好かれようとすることはそもそも無理なことです。「好かれようとしているうちは半人前」なのです。自分の根幹をブレさせてしまっては、志は叶えられません。強い情熱を発信し続ければ、必ずついてくる人は出てきます。

Episode 2

持つべきものは友　明星智洋様

会社設立から約半年後に最初の増資を行いました。このときは僕が心から信頼している友人のみを中心に声をかけたところ、15名の投資家が集まりました。そのなかで長年にわたり仲良くしている親友のドクターには、僕が事業計画を説明する前に「周ちゃんの会社なら喜んで出資するよ。口座情報を教えて」と驚くべきことに、事業内容など聞かず、先に出資を決めてくれました。

出資後に、事業内容を説明するという、通常とは真逆の順番に感動すら覚えました。最初の増資の時、多くの方々が同じような経緯で出資を決めてくれています。

「僕」という一人の人間を信じて出資してくれたのです。

会社設立初期の実績もない会社へ出資してくれたことに、当時はとても勇気をもらいましたし、今も感謝の気持ちしかありません。彼らの信頼に応えるためにも、全力を尽くして琉球アスティーダを成功に導こうという覚悟が、より一層強くなったのを今でも鮮明に覚えています。

ちなみに、事業内容を知る前に出資してくれた明星ドクターは、琉球アスティーダのチームドクターを引き受けてくれています。

第3章
★★★

業界の常識を打ち破る

逆風のなかで闘う

僕は、卓球業界のことを知るにつれて、時代を遡ったような業界の古い体質に気が付いてきました。道具のメーカーひとつとっても、無料で商品を配り、利益率を下げてでも何とかやっていくしかない、自由競争原理が働いていない状況が見受けられました。古い考えを積み上げて固定してしまっていて、新しい考え方が受け入れられなくなっていたのです。それまで僕が生きていたビジネスの世界と違って、正しいことを行うよりも既得権益が優先されているように、僕の目には映りました。

おそらく関係者の誰もが「卓球業界を盛り上げていこう！」と思っているはずです。長年、卓球業界にいる方々も新しく参入した僕も、その思いは同じだったはずなのです。しかし、自己の保身や名誉、古い慣習にしばられて、発展が滞っているように思えました。Tリーグが構想から設立までに10年もかかった……その事実も、なんとなく納得できるものがありました。運営会社である琉球アスティーダスポーツクラブをつくるときに「社内に卓球関係者を入れた方が良い」というアドバイスをいただきましたが、これほど考え方が違うのであれば、双方にとって良いことにはならないと直感しました。

僕と同じように業界内で異端児扱いをされていたハンドボール日本代表キャプテンの経験を持つ東俊介をはじめ、オリンピックのメダリストなどスポーツに詳しい人は集めましたが、卓球業界の人は会社に入れませんでした。「誰と仕事をするか」は、ビジネスの上でとても大切なことで、僕はかなり戦略的に周りの人選を行ったつもりです。

本来は、業界外から人材が入ってきたら期待値を持って押し上げて、業界を盛り上げよう、刷新していこうという動きにするべきだったと思います。しかしTリーグに思うようにスポンサーが集まらなかったこともあり、リーグ全体にも思い切って新しい人や考え方を受け入れて変えていこうという勢いはなくなっていました。自分たちの既得権益を守るために、ぐっと狭い世界で固まるような現象が起きていました。僕は、少々の逆風が吹き荒れることは承知の上で、僕なりのやり方を通すことにしたのです。誰かがやらなければ、いつまでも何も変わりません。

僕のやり方に関する非難の声は、いたるところから聞こえてきていました。卓球界を乱すな、などの言葉も耳に入ってきていました。株式上場をすることやクラウドファンディングでの資金調達など、「いままでの業界になかったこと」ばかりやる僕を、蚊帳の外から失敗することを期待しつつ見ている……そんな空気が確かにありました。

「早川さん、そんなに大きいことを言うのなら、早川さんの力で沖縄に2000人くらいは簡単に集められるでしょう?」

そんなことを言われたこともありました。沖縄に人が集まらないという課題については、Tリーグにも、メディアにも、それぞれに問題があってのことです。いまの卓球業界の現実を理解してもらえないことにもどかしい思いもしました。

この逆風がほぼ完全にやむタイミングは3年後に訪れます。琉球アスティーダがサードシーズンで優勝し、同じ日に上場の対外公表が行われたときです。それから少しずつ、僕のやっていることを確たる理由もなく否定する声は聞こえなくなりました。丁寧な取材を受け、雑誌に僕の考えや琉球アスティーダが優勝するまでの流れを掲載していただくようなことにもなりました。結果を出すということは、これほど状況を変えることなのです。

「結果」で、ぶん殴ろうぜ

ビジネスで闘わなければならないときは、誰にでもあると思います。そういうとき、いくら敵であろうとも相手を殴ったりしてはいけません（そもそも僕なんて、体で勝負を挑んでも負けてしまいます。いま、小学生相手に卓球29連敗中ですから……）。ですが「結果を出してみる」という闘い方をしてはどうでしょうか。あれこれと言うよりも、〝結果で〟闘う相手をぶん殴ること。これは、いちばん効くのではないでしょうか。自分の志を信じて進んでいって、相手がついて来ざるを得ない状況に持っていくのです。結果を出すことで、自分自身が信じた道は正しかったのだと実感し、周りに対しても証明をする。実はこれが、早川流の闘い方です。

「負けるが勝ち」という言葉が、僕は好きです。常に勝ち続けることは経営者にとっては大切なことかもしれませんが、場面によっては負けることが、大切な場面での勝ちにつながることもあると思っています。チームを引き受けた頃から、僕があまりにそれまでの卓球業界の慣習に従わないので、僕の行動はことごとく否定されました。おまえのやっていることは間違っていると言われ続けました。どうして分からないのだと憤ったこともあったし、悔しい思いもしました。それでも、考えてみたら僕に反対する人たちにも、守るべき彼らの家族があり、生活があり、彼らを頼りにする社員や関係者たちがいます。新しく来た者がそれらをおびやかすのであれば、反対するのも当然のことです。僕は、それを理解した上で闘います。正しいことは、正しいと言って貫き通します。

その過程で、もし誤解があると感じたら、僕は直接相手にお会いして、とことん話をすることにしています。誤解をとくことは確かに面倒なことではありますが、外せないプロセスでもあると思います。志がある人がまっすぐな道を進みたいと考えたとき、誤解がそれを阻みかねない状況を生み出すことがあります。自分は時速100キロで進もうとしても、障害物があったら時速30キロになってしまうこともあります。しかし丁寧に誤解をとけば、時速50キロ、60キロで進める環境がつくれるかもしれない。「言わせておけばいい」と無視して突き進んでいくやり方もありますが、できればスムーズに進める環境をつくれた方が結果は出しやすいと思います。

そして、逆風が吹き荒れる状況のときに自分に対して失礼なことを言った人が、結果を出した後に言動をころりと変えるようなことがあったとします。ドラマのようですが、実際によくあることです。そういうときは、どうするべきでしょうか。僕は、受け入れます。琉球アスティーダが優勝し、クラブが日本初の上場を果たした後、周りの対応は随分変わりましたが、「あのときあんなこと言っていたくせに、手のひらを返して」と突っぱねることはしませんでした。僕の進みたい道を理解してくれる仲間が増えれば、チームや選手の知名度が上がるかもしれない、ファンも増えるかもしれない、スポンサーも増えるかもしれない。僕は、喧嘩をしたいわけではなくて、志を実現する社会をつくりたいのです。そこに一歩でも近づくことができることなら、歓迎します。清濁を併せ呑んでうまくやっていく。これも、志を実現し、夢を叶えるコツのひとつです。

遠い一勝

琉球アスティーダの開幕戦は、初日から数えて2日後の10月26日から名古屋で始まりました。チームは丹羽孝希選手や荘智淵選手など、世界トップレベルの選手を擁していたにも関わらず3連敗。負けに負けて結果、最下位に終わったのです。

Tリーグの試合では、Sランクの選手を試合に出さなくてはいけないことや、Aランクの選手を2名以上出すと勝ち点が没収されるというペナルティを科されるなど、いくつか規則がありましたが、ファーストシーズンではそういう規則を細かく把握していなかったということも敗因のひとつでした。負け続ける我がチームの試合を見ながら「卓球って、こんなに負けるんだ……」と思わず声に出してつぶやいたくらいです。やってもやっても勝てなかった。

卓球業界に新しくやってきて、常識に反するようなことを言っている人間が作ったチームが、Tリーグが開幕したら全く勝てない。周りの人から見たら、「予想通りだ。だからダメだと言ったんだ」ということだったでしょう。おもしろく思った人もいたでしょうし、実際に嫌味を言われたりもしました。どうせ選手からの信頼もない、運営会社に卓球関係者も入れていない。まあいずれ逃げ出すのだろうと思われていることをひしひしと感じていました。

僕は日頃から「頑張らなくていい、結果が全て」だと思っています。そして結果が伴わなかったときは、その原因を徹底的に突き詰めます。ファーストシーズンにおいてもそうでした。

なぜ、選手個人に戦力がありながらも負け続けたのか？　監督やコーチと話し合い、選手たち一人ひとりを詳細に観察、分析したところ、僕なりに原因の一端が見えてきました。

それは、企業でいういわゆる「マネジメント」に問題があったのです。

強い選手がいるだけでは勝てない

チームに有延大夢という、実力があり、才能に満ち溢れた選手がいました。しかしまだ年齢的には若く、先輩たちに気を使う性格からか消極的で、体調もあまり本調子ではありませんでした。それならばと彼の先輩である実業団チームで活躍していた選手が出場したのですが、勝てなかったのです。僕は、選手の人間関係、パワーバランスのようなものをこのとき見誤りました。普通の企業でもそうであるように「同じ学校の先輩・後輩」「年齢」「組む人との相性」などの要素は、人がやることである以上、結果に大きく関わります。そういう人間関係を考えた交通整理やチーム編成を、しっかり把握して口を出し、バランスを整えるべきだったのです。さらに当時の監督は、実業団の監督がそのままプロチームである琉球アスティーダにスライドしてきていました。その監督に誰も選手がついていかなかったということも敗因のひとつです。チーム発足当初は、卓球に関する知識も乏しかったので「実業団もやっていたし、プロチームでもそのまま監督を任せられるのではないか」と就任してもらったのですが、実業団で活躍していても、当然、プロ選手として戦っている人たちとは実力に大きな差があります。たとえて言えば、高校野球と小学生の少年野球くらいのレベルの差です。海外で経験を積んできた選手に指導をすることはやはり難しいことでした。

具体的な例をあげますと、試合中、タイムアウトをとって選手がベンチに戻ってくるのはただ休憩をとっているのではなく、監督と選手、また選手同士の作戦タイムでもあります。相手選手のことは事前に分析をして臨んでいますが、実際に戦ってみて分かることもありますし、相手のその日の心身の状態が向き合うことで初めて見えることもあります。それを踏まえてタイムアウトで作戦を練り直したり、方向転換をすることもあるのです。また、自分のチームが追い込まれている時には、試合を一旦止め、流れを変えるために使うこともあります。つまり、タイムアウトは、勝敗に関わる大切な時間なのです。ＴＯＫＹＯ２０２０では、混合ダブルスで金メダルを獲得した水谷隼・伊藤美誠選手がタイムアウトをとったとき、試合中に伊藤選手が相手の選手の顔が震えていることに気がつき、水谷選手と監督に「（相手が）びびってる」と伝えたことが話題になりました。試合経験が豊富な伊藤選手が、相手の心の状態を敏感に感じ取ったのです。

ファーストシーズンの試合中、何度か見て気がついたのですが、タイムアウトをとっても選手が監督のもとへ行かないのです。選手は、世界選手権での成績やオリンピック出場経験のない監督よりも経験のあるほかの選手からのアドバイスを聞きたいと考えたのでしょう。さらに先述したように、規約をよく理解していなかったことにより勝ち点も没収されたりして（しかも、結構強いチームに勝った試合だったのですが……）ファーストシーズンは、ひと言で言うと、散々でした。

ホームでの最終戦が終わった後、台湾からやってきてエースとして活躍してくれた荘智淵選手が僕に「話をしたい」と言ってきました。僕は当然「来シーズンはこんなに弱いチームでは戦えない、いままでありがとうございました」と言われるのだな、と瞬間的に覚悟しました。世界ランキングで最高3位まで上り詰めた、台湾でレジェンドと呼ばれる選手です。それだけの力があるにもかかわらず勝てなかった。これは、経営者である僕に責任があります。でも、荘選手が言ってくれたのは予想もしていなかったことでした。

「21試合、社長は苦しいときもつらいときも、いつも一緒に戦ってくれた。こんな社長は初めてだ。とても感謝している。これからもついていきたい」

負けた事実は変えられないことですが、選手はシーズンの間、僕のことをしっかり見ていてくれたのだということに、このとき初めて気がつきました。選手にとって所属チームが負けることはとてもつらいことですが、経営者である僕にしても、それは同じです。経営者によっては選手を叱りとばす人もいるでしょう。でも僕は毎回試合を観に行って、毎回応援し続けました。暗い空気を吹き飛ばすつもりで、選手に声をかけ続けました。そういうことを、荘智淵選手はしっかりと感じてくれていたのです。さすが、ベテランの選手だなと思いました。僕自身、シーズン中に何度も荘選手の人間的な懐の深さを感じることがありました。彼がレジェンドと呼ばれているのは卓球が上手なだけではないのだと、彼を慕い続ける後輩たちの様子を見て感じてきました。

所用で台湾へ行ったときに、荘選手の卓球場へ事前連絡なしで行ってみたことがあります。夜8時頃で、不在ならばそのまま帰るつもりでしたが、彼は汗まみれになって練習していました。当時、38歳。その年齢になってもなおハードな練習を自分に課す姿勢に心を打たれました。

卓球のスキルのみではなく人柄も良い人物を琉球アスティーダの選手にしよう。僕は、その決意を新たにしました。

最初は、2位でいいだろう

僕が琉球アスティーダを「3年で日本一のチームにする」と考えていたことは、あらゆる場面で言ってきましたし、実際に達成もしました。一方で「最初の年は、まあ2位くらいで良いかな」とも、思っていたのです。同じ沖縄にあるBリーグ所属のプロバスケットボールチーム、琉球ゴールデンキングスも、1年目から強かったわけではありません。2年目に優勝し、勢いをつけてどんどん強くなっていきました。もちろん、初代王者を狙うのは重要ですし、選手に奮起を促します。でも、僕はそれよりも試合がおもしろかったり、盛り上がったりすることが重要だと思っていました。半永久的にファンと楽しめて、地元に愛されるチームづくりを1、2年目にやろうと考えていました。Tリーグが開幕する前、ある雑誌の取材を受けたときにそのような話をしたところ「初年度は目標2位」というところに反応され、選手のファンをはじめ各方面から叩かれてしまいました。最初から負けるつもりでいるのか、やるなら優勝を目指せ、といったような具合です（特に丹羽選手のファンは熱狂的な人が多くて、ますます熱くさせてしまいました）。僕はそのときは、自分が言っていることがそれほど間違っていたとは思えなかったのですが、ある人との出会いでその思いが変わることになります。

Bリーグチェアマン、島田慎二さんのこと

Bリーグのチェアマンであり、千葉ジェッツふなばしの元代表取締役会長である島田慎二さん。この人は、とてもかっこいい人です。僕にとって彼との出会いはとてもインパクトのあるものでした。

日経BP社が主催したかなり大きなセミナーのパネルディスカッションで、島田さんと僕が登壇する場がありました。テーマは「異業種から参入！スポーツビジネス改革のリーダーに聞く」。旅行会社から千葉ジェッツふなばしの運営に転身し、

集客ナンバー1のクラブに押し上げた島田さんの業績には、僕が目指しているものを感じました。しっかりと売り上げを上げて利益を出し、スタッフに還元し、投資をして強化やお客様に喜んでもらえる環境を作っていく。そして商品価値を高め、持続的な発展を遂げていく。一般的なビジネスとして当たり前のことはスポーツビジネスでもできるはずだという考え方も一致していました。二人とも、スポーツは儲からないというイメージに疑問を持ち、変えるために動いていました。

セミナー当日、島田さんと控室で初めて会ったときに二人とも、白いシャツに真っ赤なネクタイをしていたことにまず驚きました。千葉ジェッツも、琉球アスティーダもキーカラーが赤なのです。僕は「島田さん、真似しないでくださいよ。なんなんですか～」と言って笑いました。パネルディスカッション自体も盛況でしたが、両者とも経営感覚を持ったスポーツクラブのオーナーという点で話が合い、翌週すぐに食事に行ったのです。その時に彼が言った「千葉ジェッツを必ず優勝させるという宣言をしたときに、強いプレッシャーを感じた」という言葉が心に刺さりました。まずは発信してやりきらないと、結果はついてこないじゃないですか、と。それを聞いたときに「初年度は2位くらいでいいです」と雑誌のインタビューで言ったことは、もしかしたら間違っていたのではないかと気づきました。スポーツチームである以上、徹底して結果にこだわって、勝ちに行かなくてはいけない。また、ファンの皆さまに勝っている姿を見せて、チームの価値を上げていかないといけない。そこで僕は、優勝宣言をしていこうと考えを改めました。

スポーツを盛り上げることだけではなくて、そのことで地域をどう活性化させるか、社会にどのような価値を生み出せるのかなど、食事をしながらも話題は尽きませんでした。島田さんは「僕は、Bリーグの異端児です。Tリーグの異端児は、早川さんですよね。一緒にがんばろうね」と、僕に手を差し伸べました。僕はすぐに「ごめん！ 一緒にしないで」と言いました。そんな冗談がすぐに言えるほど、島田さんに親しみを感じていました。

今後も尊敬する島田さんとともにスポーツの無限の可能性を語り合い、ともに成長していきたいと思っています。

早川流チームビルディング

これまでの業界のセオリーだと、1年目に結果が出なくても監督はチームに残ります。でも僕は、監督に辞めていただき、日本に帰化した張一博という中国出身の選手に監督を委ねました。琉球アスティーダは僕だけでなく、選手や監督、コーチ、スタッフ全員が卓球プロリーグという初めての経験をしているので最初から完璧を求めているわけではなかったのですが、チームのマイナス要因が分かってしまった以上現場だけに任せておくわけにはいかないと考え、僕は自ら監督、また選手たちとも直接対話し、解決に乗り出すことにしたのです。

僕は、選手が抱える過去、現在のコンディション、将来の目標やライフプランなど、選手が何をしたいのか、選手としてのみならず人として何を考え、どういう課題があるのかなどをまず知ることから始めようと思いました。全く素人で入ってきた僕は、選手に関して知らないことがたくさんあったのです。ファーストシーズンは、僕が卓球業界の勉強をするためにできるだけ多くの人とコミュニケーションをはかり、どのようなチーム構成でどう戦うことで我々が結果を出すことができるのかということを分析していった一年だったと思います。どの選手をペアにするか、またチームとしてどう組み合わせると最大のパフォーマンスが発揮できるのかを導き出すためにも、その選手を知ることが大切でした。僕は声をかけて食事に行ったり、隙間時間を見つけてお茶をしたり、自分のチームの選手のみならず、他チームの選手ともコミュニケーションをはかりました。そうすることで、どのような選手構成、マネジメント、首脳陣、サポートがあれば強いチーム力を発揮できるのかを掘り下げていきました。

余談ですが、僕は選手にちょっかいを出すオーナーとして知られています。選手の顔を見たら、話しかけずにいられないのです。試合会場では普段なかなか顔を合わせることのない他のチームの選手とも会えますので、僕は大忙しです。張本智和選手に「チョレイ！ ちょっと来てよ。こっちで卓球やろうぜ！」と声をかけたり、水谷隼選手に「水谷くん！ うちの試合では勝ったらダメだよー！」と冗談を言ったり。試合前などは精神的なバランスが必要ですし、乱されたくないのにいじり倒す僕は最初、選手からかなり引かれていたと思います。

今はみんな、僕が体育館に入ると挨拶に来てくれます（僕に見つかる前に言っておこう、と思っているのかもしれません）。

琉球アスティーダのチームを引き受けてから、僕はどこでも「変わったことを考えているやつ」「外から変なやつがやってきた」と思われていたと思います。それはやはり選手も最初は同じ気持ちだったと思います。でも食事などに行ってお互いの話をたくさんするうちに、僕の経歴や人脈や、結果を見て僕を認めてくれるようになってきたのではないかと思っています。選手というのは、ひとつのことを真剣に本気でやってきた人たちです。同じように僕が本気でチームのこと、卓球のことを考えていることがなんとなく伝わったのではないかな、と思っています。

選手獲得はスピーディー、そしてラフに

僕はチームの運営会社を整える傍ら、「3シーズン目で日本一になる！」という目標を叶えるために選手の補強を行っていきました。卓球について詳しく知っているわけではなくとも、20年以上経営者をやっていると、誰が伸びる選手なのかは感覚で分かります。僕は今も毎回試合を観に行くのですが、試合前のあいさつ、練習風景、試合中に点数を取られた時や、試合で勝ったとき、負けたときの表情、ベンチでの対応など、選手をよく見ています。するとこの選手は強くなるなとか、この選手がうちに入ってくれたらプラスになるなということが見えてくるので、交渉が可能になったら即座にアプローチします。交渉には規則がありますので、それを守りながら動向に目を光らせ、良いと思った選手とはすぐ連絡を取れるように日頃から準備をして、ここだという瞬間にアクセルを踏み、選手獲得に乗り出すのです。

常に考えているのは、選手の希望がいちばんだということ。琉球アスティーダはマネジメントや練習に制限が少なく、個人に任せる自由さがあり、選手にとっても絶対に楽しいチームだという自負があります。「最高に楽しいチームを作っていこうぜ！」と僕はよく選手たちに言っているのですが、実力のある選手こそ、自由な環境でパフォーマンスを発揮できると考えているのです。自分をマネジメントするための最適なやり方を知っているから結果を出し、プロになってきたのだから当然です。そういう面でも、選手の力を僕は信頼しているのです。

ＴＯＫＹＯ２０２０でリザーブ選手に入っていた、宇田幸矢選手は、自由契約になった瞬間にTwitterで連絡を取りました。その日のうちに宇田選手のお父様にも連絡を取り、すぐに金額の提示をしました。今は僕と一緒にバカみたいな写真を撮ってふざけたりするような仲で、しっかりとチームに馴染んでくれています。

選手を、徹底的に信頼する

強い選手なら誰でも獲得していこうと考えているわけではありません。やはり人柄、それももじもじすることのない明るい性格が琉球アスティーダには合っていると思います。チームの雰囲気や選手同士のバランスというのが大事なのは、ファーストシーズンで強い選手がいたにもかかわらず最下位だったことで気がつきました。選手には、チームの考え方やビジョンをきちんと伝えます。なぜなら選手とチームとでその方向性が合っていることは、とても大切なことだからです。その上で、世界一のクラブチームにしたいと考えていることを伝えます。僕が選手を家族だと思っていて、プライベートなことを含め何でも話せる関係でもあることを伝えています。実際に選手から電話、メール、LINEなど、今日は一本も連絡が来なかったな、という日は僕にはないです。ここまで選手と近しい関係を築くオーナーは珍しいのではないかと自分でも思っています。

さらに言えば「琉球アスティーダにいる時だけ活躍してくれれば良い」とも考えてはいません。選手の人生、将来を考えて、本人ともよく話をします。もちろん金額提示も、深く考えた上で設定をしています。お互いにプロ同士、お金が絡めばそこに駆け引きというものは当然発生します。僕は、選手に言います。「僕のことは裏切ってもいいよ。でも僕は絶対にあなたを裏切らない」。これは僕の人生観に基づいていることです。裏切る人生と裏切られる人生があるなら、僕は後者を選びます。

僕がチームを作るときに決めたことは、誰よりも、どのプロスポーツチームのオーナーよりも、そのチームを愛し、選手を愛し、彼らの責任を取る覚悟を持つこと。それはおそらく、少しずつ全ての選手に伝わっていったと思います。選手は一人ひとりが弟だったり、子どもみたいな、家族のようなものです。日本一になったサードシーズンにおいても、実力から考えたら張本選手や水谷選手のようなずば抜けた選手がいる東京のチームに勝てる可能性は低かった。それでも勝っていくために、選手がどれだけそのチームでパフォーマンスを出せるかを追求していきました。

そしてその環境をつくれるかどうかは、オーナーである僕の責任でもあるのです。「全責任は俺が取るから、自由にやれ。最高のパフォーマンスを出してくれ」と言えるのは、選手のことを絶対的に信頼しているからです。それが最高&最強のチームを作る秘訣だと思っています。

大きな一歩、セカンドシーズン

セカンドシーズンから琉球アスティーダに移籍してくれた吉村真晴という選手は、移籍後からしっかりと活躍し、サードシーズンにはキャプテンとしてチームを日本一に導きました。ファーストシーズンの間、僕は選手たちと接するなかで、埼玉のチームに所属していた真晴にキャプテンの素質があることを感じていました。ただ、周りは彼のことをそのように見ていませんでした。彼は「あまりいうことを聞かない選手」というイメージがあり、その背景に、監督と意見が合わず喧嘩をするような強気な性格を問題視されていたようでした。でも、経歴を分析したり試合の様子を見ていて僕は「セカンドシーズンは真晴に賭けよう」と思ったのです。

彼が監督の言うことを聞かなかったといわれる背景には、彼が築き上げた彼なりの考え方がとてもしっかりしているということがありました。また彼のこれまでの試合結果などを見ていくと、驚くべき勝負強さにも気がつきました。

２０１５年のジャパンオープンでは、中国選手を含め世界のトップ選手が出場する中で、当時世界ランキング30位だったにもかかわらず準優勝にまで割り込むという、異例の成績を残しています。その大会で自身のランクを大幅に押し上げ、リオデジャネイロオリンピックの出場権を獲得、日本男子初となる団体での銀メダル獲得に貢献しました。

「ここでは勝たなければいけない」という勝負時に出す真晴のパワーはすごいものがあると僕は見ていました。プレッシャーに押しつぶされるのではなく、モチベーションにできる強さが彼にはありました。

監督を変えて、吉村真晴、朱世赫、李平という実力ある選手を補強して臨んだセカンドシーズンは、惜しくも2位。レギュラーシーズンで勝ち進みファイナルまでいったのですが、新型コロナウイルスの感染状況を考慮して、ファイナル自体が中止となってしまったのです。ですが、最下位から始まった琉球アスティーダが日本一となる目標に近づいている実感の持てたシーズンでした。優勝まで、あと一歩。サードシーズンに向けて希望が膨らみました。

ちなみに、何かの雑誌でインタビューを読んだのですが、真晴は試合会場で会うのが最も嫌だった人が僕だったそうです。「早川さんは会うとすぐちょっかいを出してくるから」と……。

卓球業界の二大巨頭

いま、プロの卓球選手として活躍している選手たちは、出身校によりだいたい2つの系統に分かれています。東京オリンピック代表の水谷隼選手や丹羽孝希選手らを輩出した青森山田高校と、山口県にある野田学園高校です。

このふたつは、卓球スタイルが異なります。青森山田組の卓球は、ひと言で言うと「確実に、間違わずに」という感じです。同じステップで堅実に、着実に点を狙っていくスタイルといえます。一方、我がチームの吉村真晴や戸上隼輔らを輩出した野田学園側は「思い切り振っていけ」というスタイルの卓球をします。もうやっちゃえよ、という感じは我がチームに通じるものがあります。そして、琉球アスティーダには野田学園のＯＢや歴代のキャプテンが多く所属しています。我々が理想とするチームをつくるには、野田学園側の考え方の方が合っているからそのようになっていったのだと思います。どんな環境で卓球のスキルを磨いてきたのかというところは、チーム編成においてもとても重要なのだと気が付きました。

「世界を獲りいくよ。」

これは琉球アスティーダスポーツクラブが掲げているスローガンです。企業としても、卓球チームとしても同じことを目指しています。選手たちには「アジアで、世界で誰もが知るチームになろう」と常に言っていますが、セカンドシーズンあたりまでは無理だろうと思っていた選手もいたかもしれません。でも僕は本気でした。サードシーズンでリーグ優勝を果たし、日本一になった選手たちは、もうこのスローガンを夢物語だとは考えていないと思います。

「本気を見せる」ことが人にどう影響していくのか。僕は、身を以って知っているから分かります。僕が19歳の頃、新聞配達をしながら隣部屋の住人に「僕は、いつか衆議院選挙に出ます！」と言っても、もちろん信じてはもらえませんでした。

しかし、大学3年生のときに事業を起こしてがむしゃらに働きお金を貯めている僕を見て、「ひょっとしたらあいつ本当にやるのかな」と、周りの人が100人いたら30人くらいは思い始めてくれたような感触がありました。
そして25歳のときに羽田孜元首相の秘書をやるようになったら、70人くらいが信じてくれるようになって、28歳で選挙に出たときには「おまえ、やると思ってたよ」と言うような人まで出てきました。

どれだけ自分の本気を伝えていくのか、それを信じてもらえるのかというのは経営にとっても欠かせない真剣勝負だと僕は思います。

Episode 3

肩書や看板ではなく、人として付き合う　内藤忍様

初期の株主様として、『内藤忍の資産設計塾』等のベストセラー作家でもある内藤忍さんがいます。

内藤さんは、東京大学を卒業し、マサチューセッツ工科大学（MIT）でMBAを取得、外資系資産運用会社勤務を経てマネックス証券の創業に参画するなど、非の打ちどころのないエリートです。

僕とは真逆の経歴ですが（笑）、なぜか非常にウマが合い、10年以上の付き合いになります。

内藤さんが独立する際は、「大切な方のお力になれるのなら、自分の持てるものを全て出し、お役に立ちたい」との想いから、自分が起業家として得てきた知識や経験を出し惜しみなく伝えました。

後から聞いた話ですが、大企業という後ろ盾がなくなった途端、背を向ける人がほとんどだったそうです。僕は「大企業という看板」と付き合っているのではなく、「内藤忍さんという個人」を尊敬して付き合ってきましたので、独立する際も全力で応援するのは当然のことだと思っていました。

琉球アスティーダの増資にあたっては、今度は内藤さんが株主として僕を支えてくれました。

お互い、肩書や看板ではなく、人として付き合うからこそ長く続きますし、嬉しい時や楽しい時はもちろん、辛い時や苦しい時にも支え合っていけます。このような、本気で付き合える友人がいることが、琉球アスティーダを成長させることができた大きな要因の一つです。

第4章

スポーツビジネスにお金が循環する

真剣勝負！　1回のプレゼンで……

さて、Tリーグがセカンドシーズンに入った頃、「本気で優勝を目指していこう」という意志のもと再度運営会社の資金調達を行うことにしました。最初の資金は僕の知り合いのエンジェル投資家の皆様から集めましたが、2回目はベンチャーキャピタルを入れて実施しました。ベンチャーキャピタルとは、ベンチャー企業やスタートアップ企業など、成長性のある将来有望な未上場企業に対して出資を行う投資会社のことです。株式公開後3年、5年と経った時に、株式を売却することで得られる利益を目的に株式公開支援も行います。

ベンチャー企業が株式上場するまでにはステージがあり、それぞれアーリーステージ、ミドルステージ、レイターステージと上がっていきます。アーリーステージとは起業直後で、まだ実績や業績がありませんので、投資を受けるためにはビジネスプランやアイデアの実現可能性はもちろん、創業者自身の人柄をアピールすることも重要です。ここで資金調達に成功し、事業が成長すれば投資家の方々から信頼を得ることができ、次のミドルステージへと進むことができます。

ステージが上がったベンチャー企業はIPO（株式上場）をするか、M&A（企業の合併や買収）の道を選ぶことになりますが、我々が目指したのは前者です。ミドルステージとなった琉球アスティーダスポーツクラブが上場するにあたって、上場企業の投資部門・コーポレートベンチャーキャピタルとのやりとりや銀行との交渉などもしっかりとできるよう、社内を整備するために4000万円を調達することにしました。

株式会社MTG Venturesというコーポレートベンチャーキャピタルの社長である藤田豪さんは僕と同郷で、日本有数のベンチャーキャピタルであるジャフコで長年の経験があり、何千社ものベンチャー企業を見てきています。彼に投資に関するプレゼンをしたところ、即断してくれました。金曜日に商談、土日で書類のやりとりをして、月曜日には投資を決断。とてもスピーディーでした。ほかにも沖縄の大鏡建設さんや、ブロックチェーンに強い株式会社シーエムディーさんなど、さらには個人投資家の方々からも資金を調達しました。

9分21秒で1000万円調達

会社設立以来、僕は明確なビジョンを持ち資本政策を進めてきたのですが、そのひとつが「株式投資型クラウドファンディング」でした。琉球アスティーダは、プロスポーツチームで国内初の上場といいましたが、実は株式投資型クラウドファンディングで資金調達をした企業としても日本初の上場でした。

株式投資型クラウドファンディングとは、上場していない会社の株（非上場株式）を発行し、インターネットを通じて多くの人から少額ずつ資金を集める仕組みで、スタートアップにおける新たな資金調達の手段として、ここ数年の間に注目され始めました。僕が利用したのは、仲良くしている知人が創業した株式会社日本クラウドキャピタルの「ファンディーノ」です。

投資できるのはファンディーノの審査に合格し、登録した個人のみで、1銘柄につき1年間で50万円まで投資をすることができます。一方、企業が公募できる金額は1社に付き1年間で1億円未満という規制が設けられています。ベンチャー企業への投資というと数百万円の資金が必要というイメージがありましたが、株式投資型クラウドファンディングなら、たとえば琉球アスティーダの株を10万円で購入することができます。この仕組みは、まさに僕の「弱いものに光をあてる社会をつくる」という志にも合致しているのです。

今の社会の常識として、富めるものがなぜますます裕福になるのかというと、まず、人脈と情報量が多いからです。お金を持っているところには、「このスタートアップ企業はこれから伸びていくよ」などという情報とともに、頻繁に投資の話が流れてきます。そういう情報をもとに投資家たちは「では1000万円くらい入れておこうかな」などと考えるわけです。投資は節税にもなりますから。限られたコミュニティの中でお金が回っている状況がそこにはあります。しかし、株式投資型クラウドファンディングは、5万円、10万円という額から自分が応援したいスタートアップ企業に投資ができます。これは、強いものがますます強くなる市場をつくることではなくて、弱いものが強くなる可能性がある仕組みなのです。今の日本にとって非常に必要なことだと思います。

「ファンディーノ」という名前にも表れているように、投資をする人はその企業のビジョンに共感し、応援したいという気持ちでお金を出します。つまり、投資をして株価の値段に注目するだけではなく、ファン株主として企業の動きを随時見ていてくれるのです。これはB to Cのマーケティングビジネスをしている当社にとっては、企業の知名度を上げられることから大きなメリットといえます。

1年間で1億円未満を公募できるという規制を考慮すると、当社はすでに7550万円を調達していたので、規制の限界の額までをクラウドファンディングで調達することになります。ファンディーノのサイトに投資家募集の告知をするためのランディングページをつくり、事業内容やビジョン、競合優位性などを分かりやすく投資家の方々に伝えました。沖縄から世界で戦える卓球チームを生み出すこと。日本のスポーツビジネスに新たな循環モデルを創出すること。卓球に、そして沖縄に人が集まる仕組みを構築すること。そのためにどのようなビジネスモデルで経営を行い、どのようなマイルストーンを描いているのか。僕の志についても、丁寧にお伝えしました。

目標金額を1000万円に、上限2250万円に設定したところ、何と9分21秒で1000万円集まり、151人の株主から2250万円を調達することができました。我々の「本気」が投資家の皆さんに届き、信頼していただけたのだと思います。琉球アスティーダスポーツクラブは資本金と資本準備金を含めて1億円の会社となり、上場時には700円の株価がつきました。2021年8月には、ファンディーノにおいて500円で購入した当社の株は、1.4倍の株価になったので、投資してくださった方にとっても後悔しない買い物だったといえると思います。

現在、スポーツ業界では株式上場やそのための資金調達、明確な資本政策デザインなどの概念がほぼないと言ってよい状況です。僕は「スポーツに投資したら儲かる、リターンを得られる」ということを証明していきたいのです。それがスポーツビジネスに新しいお金の循環モデルを作るということだと思っています。

投資家が見ている3つのポイント

これからスポーツビジネスを目指す方々に、投資家はどのようなところを見ているのかを少しお伝えしましょう。大きくは3つあります。ひとつは「その企業に社会貢献性があるか、その志を持っているか」。もうひとつは「その志を、そして夢を5年後、10年後、15年後も持っているか」。そして3つめは「何があっても事業を継続できるか」です。株価が動く要因は実に様々ですから、どの企業が成長するかを見極めるのは投資家たちにとっても大変難しいことですが、その3点は必ず見ています。実際に僕は今まで、50社ほどの企業に出資をしているのですが、それらがしっかりしたものであるかの判断をして出資先を決めています。ちなみに、出資を希望される方と30分ほどお話しすれば僕は判断可能です。それくらい情熱や志は本気の人ほど伝わりやすいものなのです。

そもそもスポーツビジネスとは、熱狂的なファンがいてこそのビジネスです。共感する人が投資をしてくれるという点では、スポーツや株式投資型クラウドファンディングとてとても相性が良いものです。たとえば、通販会社を例にとります。その会社の株を買った方は当然ほかの通販会社よりも、株主である会社から買うでしょう。同じように、琉球アスティーダスポーツクラブの株主になってくれた方は「試合に行こう。グッズを買おう。イベントに行こう」と思ってくれるはずなのです。今、ファンディーノには6万人から7万人の口座開設者がいます。その方々に琉球アスティーダの存在を知ってもらうことはとても意義のあることです。スポーツチームが株価を上げていくには、ファン株主を増やしていくことが重要ですから。

ファンディーノで募集をかけてから目標額の1000万円に到達するまでの時間は、わずか9分21秒でした。さらに上限額として設定した2250万円にも到達。市場からすると「どうして未上場企業がそんなにも短時間で資金を集められるのか？」と随分不思議がられたようです。そして資金調達をしてからわずか1年と少しでの株式上場は、投資家の方々、また経営者の方々もかなりざわつかせたようです。その理由は「株式投資型クラウドファンディングで資金を調達した企業は上場できない」という風潮が世の中にあったからです。東京証券取引所の審査では株主の全てに反社会的勢力ではないかなどのチェックが入るのですが、株主がたくさん増えるが故にその審査をクリアするのが難しいだろうと思われているのです。株を買うためには証券会社に口座を持つ必要があり、その時点で当然チェックをしています。万が一反社会的勢力であった場合は、簿価で株を買い取るという契約もしているのですが……。

これは後から伺った話ですが、ITベンチャー企業の「マクアケ」に投資しているサッカー選手の本田圭佑さんも当社が短時間で目標額を達成したことに驚かれていたそうです。マイナースポーツに、たった9分で1000万円集まるというのは普通の状況ではありません。この結果に良い刺激を受けたという企業も多いらしく、「琉球アスティーダに続くぞ」という声もあるそうです。資本政策を明確につくること、事業計画をしっかりとつくること、KPIを設定し、ガバナンスを機能させて、ディスクロージャーをしたうえで、株価を算定してもらうこと。これらは、ビジネスとしては当たり前のこと。しかし今までスポーツ業界がやってこなかったことで、そのことが各方面から注目されたのは僕にとってても嬉しいことでした。

地方企業は上場するべき

沖縄では、上場している企業は10社もありません。上場すれば、名だたる企業と同列になり、地元メディアも取り上げてくれるようになります。地元の有力企業として扱われれば、採用で良い人材が集まりやすくなったり、他の有力企業と協業する可能性もぐっと広がります。企業が上場することは、副次的効果が計り知れないのです。我々のようなプロスポーツチームのみではなく、地方創生を目指すビジネスは地元の金融機関などからお金を集めなければいけないと考えてしまいがちで、その結果小さくまとまってしまうことがあります。しかし地元の方に支持をされながら、資金調達もファン集めも〝脱・地元〟で進んでいくべきだと思うのです。たとえば、沖縄の企業だから沖縄の方々から支援を集めると決めるのではなく、全国に視野を広げたら「沖縄を応援したい」と考えている人はもっといる可能性はあります。東京にも、沖縄をまるでふるさとのように愛している人はたくさんいます。応援してくれる人を、こちらから選ぶ必要はないということです。全国から資金を集められるクラウドファンディングは、その手段として適していると思います。

これまで、スポーツをはじめとした興行全般は非常にふわっとしたところのある業界だったと思います。明確な企業価値の算定がされていないことから、選手がアルバイトをしながら活動資金を稼がなければならなかったり、大規模資本からの出資はメジャースポーツにのみ集中するといった「強いもの、強い地域」だけが活躍できてしまう状況が発生していました。我々はスポーツがビジネスとしても成り立つ仕組みを整え、「株式公開」を通して市場から適正なプライシングを受けられる環境をつくることを目指しています。海外のようにスポーツチームが上場を行う環境を日本で初めて整え、ファンや地元の方々に支えられながら、新しい資本の循環が生まれる環境を作り出すことで、スポーツビジネスのポテンシャルの最大化を行っていきたいのです。今回上場した最大の意義は、そうした問題が解決に向かい、客観的に価値の算定が行われ始めたことです。今回の上場で、地元沖縄の企業様や株主の皆様が安心してお金を出していただけるような状態が実現できつつあります。

仕組みづくりの重要性

資金調達や株式上場と同様、僕がそれまでのスポーツビジネスになかったことをしようと考えたのはスポンサー営業の仕組み化でした。

琉球アスティーダスポーツクラブは、卓球のジュニアスクールや、沖縄県内でフランチャイズ展開するスポーツバルをはじめ、スポーツにかかわる様々な事業を展開しています。これはプロチームとしてただ選手を抱えてリーグに参戦するのみではなく、しっかりと売り上げを上げ、利益を得られる仕組みをつくるためです。

また「実際にスポンサードしていただいた金額以上の売り上げに貢献していく」。それが僕の、そして会社の考え方です。このような仕組みは、いままでのスポーツビジネスにはありませんでした。過去、プロスポーツチームは大手資本の企業PRとしての役割が強くありました。大都市圏やメジャーなスポーツは資金が集まりやすい一方、それ以外では運営は難しかったのです。卓球をはじめとするマイナースポーツは経営のやり方がそもそも分からなかったり、売り上げの作り方が分からなかったり、企業が資金を出すには不安要素が多いので資本力が足りないなど、お金の流れに課題がありました。

僕は、20年近く経営者としてビジネスをしてきましたので、そこは変えていけるはずだと考えていました。地元資本による持続可能な運営体制を確立して、地方都市やマイナースポーツでもビジネスが成立すること。そのために経営基盤（運営、収益、財務）の構築を行うこと。これまでのプロスポーツは、チケットの売り上げやファンクラブ、スポンサーによって支えられていたと思います。しかし、そうなるとたとえばコロナウイルスの蔓延により試合ができなくなったらどうでしょうか。これまでいわゆる胸スポンサー（選手が着用するユニフォームの胸元に企業ロゴがつけられること）であった企業がスポンサーを降りることになったら、どうなるでしょうか。そんな不安定な企業に、投資家がお金を出してくれることは、まずありません。

そこで僕は、スポーツビジネスのあり方から変えることにしました。スポーツを基軸としたB to B、B to Cのマーケティング会社としてスポンサーのビジネスをサポートしていくこと。琉球アスティーダのスポンサーになったら、「スポーツ×マーケティング」の仕組みで協賛いただいた以上にお返しをしていける営業的な仕組みをつくろう、夢と感動を与えるスポーツに、お金の循環を生み出そうと決意したのです。

そのように舵を切ってからは、スポンサー営業のかたちも変わっていきました。企業の露出換算をもとにスポンサーを募るのではなくて、「私たちはマーケティング会社です。ビジネスのお手伝いをさせてください」という切り口でのスポンサー営業になります。たとえばパブリックビューイングができるレストラン、卓球場、パーソナルジム……卓球のコンテンツだけではなくて、グループとして、実業としてスポーツに関わる様々な事業展開をもとに商談ができるのです。

2019年、インターネット企業のmixiは、Bリーグの千葉ジェッツと資本提携しました。フリマアプリを運営しているメルカリは、Jリーグの鹿島アントラーズの大株主になりました。同じように楽天は、台湾で楽天カードを広めるためプロ野球チームであるラミゴを買収しました。これらの動きにより分かることは、企業は、広告などを打つよりもスポーツを通じたマーケティングに勝機を見ているということです。

琉球アスティーダを支えていただいているスポンサー企業様の数は現在、180社を超えます。当社は「スポーツ×飲食」「スポーツ×ビジネス」「スポーツ×地方創生」「スポーツ×社会課題解決」「スポーツ×テクノロジー」など掛け算でモノ・コトを組み合わせてファンの皆さんがお金を落として頂ける仕組みをあらゆる方向から生み出しました。そうしてスポーツにお金が循環する仕組みを作り上げたからこそ、多くの企業様がスポンサーとして支援してくださっています。ここでは、いくつかその例をご紹介します。

アイセールスとの出会い

ＤＸとはデジタルトランスフォーメーションのことで、データや情報技術を活用してビジネスに変革を起こすという意味で使われています。一件ずつ闇雲に電話でアポイントを取り、企業に出向いて営業をかけていくことは無駄が生まれるだけではなく、人の経験や技術に頼りすぎることになります。営業をＤＸ化すれば、ターゲットとなるお客様の動きを掴み、いつアプローチをかけていくべきかがオートマチックに分かります。当社もＴリーグが開幕して２年目くらいまでは、スポンサーの95％は僕が一人で獲得していました。しかしＤＸ化に向けてシステム導入を開始したことで、ＩＰアドレスを使用し、どんなお客様が、いつ、自社のどんなサービスに興味を持っているのかを掴み、ネット上でどのような行動を取っているのかを把握することができるようになりました。インスタグラムで何か興味のあるアカウントを覗くと、似たようなカテゴリーのアカウントが「おすすめ」として表示され、こちら側ではお客様が次は何を買ってくれるのかが管理できます。我々はスポンサーになっていただいた企業様のマーケティング支援にもこの仕組みを用いて、スポンサー企業様のＬＰ（ランディングページ）を作って興味を持っている消費者の情報をお伝えしたり、直接アポイントを取ったり、一緒にセミナーを開いたりしています。つまり、琉球アスティーダのスポンサーになれば、ただ選手のユニフォームに自社のロゴがつきますとか、感謝デーにご招待します、というのではなくて、マーケティング支援会社をビジネスパートナーにつけるということでもあるのです。

ですから、スポンサー営業をする際も、相手先の企業のビジネスモデルをしっかりと把握し、事業戦略的視点を持ってその企業様を、ひいては社会をどう幸せにするかということを大切に話をしています。スポーツというフレームを使うことで、スタートアップでも、ベンチャーでも、大手の企業でも、より効果的なマーケティング戦略が可能になります。そのことに、日本のスポーツビジネス界が気付けていなかった、気付けていたとしても様々なしがらみや慣習のなかで定着ができていなかったのです。我々は、具体的な戦略を以ってその企業様が抱える課題、社会の課題を地域の課題と結びつけて解決していくご提案を行っているのです。

アンダーアーマーとの出会い

サステナブルファッション・循環型ファッションという言葉が日本でも使われ始めています。これは持続可能な地球環境・社会を目指してアパレル衣服の生産から流通、そしてリサイクル、廃棄（回収）まで一連のプロセスにおいて自然環境や社会に配慮すること。アパレル産業は、衣類などを作る中で汚染水や温室効果ガスを発生させてしまいます。また、動物の皮や毛を使用することや、発展途上国において低賃金で労働をさせることなどが問題視されていました。

そのような情勢のなか、北欧のファストファッションメーカーであるH&Mが、年間約12トンもの売れ残り在庫を焼却処分していたことが報道されました。

そこで当社は、日頃から大変お世話になっている、沖縄を代表する存在で、日本青年会議所の会頭にもなった安里繁信氏から株式会社ドームの安田秀一会長をご紹介いただき、スポーツウェアで有名なアンダーアーマーの日本総代理店である株式会社ドーム様と提携。提案したのは「沖縄の貧困問題」と結びつけた解決策でした。

アンダーアーマーの廃棄衣料を当社にご提供いただき、沖縄県内の児童養護施設の子どもたちへ寄付。子どもたちは衣料のつかみ取りを行います。服を買えない子どもたちが、アンダーアーマーの服を着ることで自信を持って学校に行くようになる。その子どもたちが大きくなった時に、アンダーアーマーは他のブランドと比較して特別なブランドになっているはずです。衣料の廃棄ロスを削減し、沖縄の貧困問題を支援し、さらにスポンサー企業様のマーケティングをサポートする取り組みの一つです。

スポーツバルはこれから絶対来る!

おしゃれな空間で琉球アスティーダの試合をはじめとするスポーツをライブ観戦したり、実際に卓球を楽しみながら美味しい食事を召し上がっていただける飲食店をフランチャイズ展開しています。狙いは卓球の楽しさを広めることで裾野を広げ、チームの認知度をあげるだけではありません。コロナ禍で厳しい時期もありましたが、現在月間3万人のお客様にお楽しみいただくスポーツバルとして沖縄に14店舗あり、LINEやインスタグラムなどのSNSを通じて多くのお客様情報が集まります。人気の店舗は、LINE登録者が1万人を超えるところもあります。このつながりをもとにスポンサー企業様の商品やサービスを紹介するなど、マーケティング支援を行うことができますから、沖縄県内でマーケティングをしたいという企業様がいらっしゃったら、我々の事業がお手伝いできることはたくさんあるのです。

また、現在進めている計画として、新しくつくるバルの収益を、スポーツで世界を目指す子どもたちの遠征費用にあてるというものがあります。消費者の気持ちを考えても、普通の飲食店と、そこで使うお金が社会課題の解決に使われる飲食店、どちらのお店がより愛されるかということを考えたら後者です。普通の飲食店を作ってもつまらない、と僕は考えています。

楽天モバイルとの連携着手

沖縄県内ではいま、肥満者の割合が全国平均を上回り、健康寿命を延ばすことが県の課題になっています。その課題を解決するために、我々は楽天モバイル様と提携。楽天モバイル様は「楽天シニア」というアプリを開発されていました。このアプリは、歩数によって楽天ポイントがもらえる「歩くのが楽しくなり、日常に自然と健康習慣が生まれる」アプリです。4000歩以上歩いて、指定された施設でチェックインすることでポイントが付与されるシステムなのですが、沖縄でチェックインできる施設がないところに課題を持っていらっしゃいました。そこで、我々がチェックイン端末を設置するための加盟施設や企業を募集するというかたちでサポートを行ったのです。こちらも企業課題を社会課題、沖縄の課題と結びつける解決策を探すマーケティング支援策です。

経営者のプラットフォーム

スポンサー様同士をリアル・オンラインにてマッチングさせる会を定期的に行っています。主なテーマは地方創生、アジアマーケットへの進出、SDGsへの取り組み、沖縄県内のビジネスマッチングなど。僕がスポンサーやマーケティング支援の仕組みについてご説明をしながら、スポンサーの皆様と沖縄県の企業とのマッチングで新たな事業が生まれることを狙っています。僕はスポンサー企業様のビジネスモデルが全て頭に入っているので、有効なつながりを生むことが可能です。新たな事業が生まれれば、また一つ社会課題、沖縄の課題が解決に向かうかもしれません。

これからの時代に残るビジネス、そして企業は？

当社は、日々様々な事業提携のお話をいただきます。でも僕は、「それがどのように社会課題の解決につながるのか」というところに重点を置いています。普通にお金を儲けようとしている企業がこれから先も残っていくことはない、そう確信しているからです。企業の課題を引き出して地域課題と結びつけ、循環型モデルを作る。これが、当社がどのスポンサー様に対しても一貫して行っていることで、僕の志に深く結びついた事業なのです。スポーツビジネスにお金を出す企業があまりに少ないことに気がついたとき、僕は企業課題と社会課題を結び解決するビジネスモデルをスポンサー様に提供することを考えました。それは今、あらゆる企業様に必要とされていることだからです。

僕のビジネスの基本は「ＧＩＶＥ，ＧＩＶＥ，ＧＩＶＥ，ＧＩＶＥのあとにＴＡＫＥ」という考え方です。日頃から周りの人を大切に、何をしたら相手の役に立てるのかを考え抜きます。その基本がなければ、突然「スポンサーになってください」と言っても、了承してくれる企業はないでしょう。琉球アスティーダスポーツクラブと提携すること、またスポンサーになっていただくことで一緒にこれから先の時代も残る企業になれる。そんなイメージを持っていただくことができればと考えています。それが、当社の「スポーツを通じて夢への道を拓き、明日を照らす光となる。だれもが夢をあきらめない社会をつくる。ともにつくり、熱狂を与え、勇気を与え、ともに成長する。夢や志を胸はって語る。恩義恩情を大切にする」という理念につながっています。もちろん企業ですからマーケティング費をいただいているのですが、まずは純粋に相手が、社会が喜ぶことをしたい。その積み重ねがいつか、大きく飛ぶための力になると信じています。

スポンサー営業が難しい理由

今、当社の営業部隊はDX化を推進しながらスポンサー様へのアプローチを行っています。ありがたいことに上場後は、先方からお声がけいただくことも多くなりましたし、僕が一人でスポンサーを獲得するという状況ではなくなりました。「琉球アスティーダのスポンサーになってくれる企業に損はさせない」という我々の意志をかたちにしてきたことが活きていると思います。

会社を設立した頃、僕は採用において判断を誤ったことがあります。よく名の知られた出版社で広告営業をされていた方がスポーツビジネスに興味を持たれていたので、取締役として当社に採用をしました。その方が担当されていた雑誌は僕も知っていて、広告を2ページ出稿するのに何百万円もかかります。そういうところで営業し、結果を出していた方だからきっとスポンサー営業もできるだろうと判断して、希望されていた年収通りで、来ていただきました。しかし、全く結果が出なかったのです。かなり高い金額のものを売るような営業をしていた方でも、スポーツビジネスのスポンサー営業では歯が立たない。この事実を目の当たりにして、僕は改めて気がついたのです。

スポーツビジネスのスポンサー営業は、やはり志が大切なのだということ。その方に志がなかったというわけではありません。ただ、「ものを売るための高い技術を持っている」だけでは務まらないということなのです。良いプレゼンができる、効果的なマーケティング手法を語れる、そういうことも大切です。しかし「売る」という意識の前に、たとえば、社会課題をどうしても解決したいとか、自分の人生にはこういうミッションがあってどうしても成し遂げたいとか、世の中を理想の姿にするために一緒に同じ方向を向いて進みたい、という情熱が必要なのです。CMや雑誌に自社のロゴマークが出る露出換算で売っていくような、大手企業発想の営業では企業はお金を出してくれません。それでなくともTリーグはできたばかりのリーグですし、最初の営業時点では開幕すらしていませんでした。もっと言えば、資金面などの問題もあり「本当に開幕できるの?」という状況でもありました。

これはスポンサー営業に限りませんが、お客様は「何を買うか」ではなく「誰から買うか」を重視しています。高額になればなるほど、その傾向は強くなります。ということは、単にスポーツが好きで、その業界に関わりたいということではなく、自分が生きてきた中でどういう課題があり、それを解決するためにスポーツの力を使うんだという思いや志をいかにお客様に伝えられるか、が営業力です。まさに有志有途。熱い思いや志がなければ、前に進むことはできません。

この一件で僕は「スポンサー営業で大切なこと」に改めて気がつきました。当社はなぜか最初から順調にいったように見えてしまうようなのですが、決してそんなことはありません。課題に気がつき、軌道修正しながら少しずつ組織を作ってきたのです。最初は人員の配置なども随分間違えたことがありました。これからも変化に対応する組織であり続けたいと思います。

メディア戦略にも力を入れる

チームの知名度もスポンサー様にとってはもちろん重要な点です。スポンサー営業をする上で、僕はメディア戦略を積極的に実施しようと試みました。卓球業界には、野球やサッカーのように目立つ媒体がありません。その中で、僕がFacebookで卓球チームを引き受ける投稿を出したところ、10年来の友人からある人を紹介したいとメッセージがありました。そこでお会いしたのが卓球のナンバーワンメディア『Rallys』の川嶋弘文社長でした。卓球への愛情を持ち、また人柄もエリートでありながら謙虚な川嶋社長と一緒にTリーグを盛り上げるために手を取り合っていきたいと思いました。業界を楽しく、おもしろくする取り組みをご一緒できそうでワクワクしたのを覚えています。琉球アスティーダを皆さんに知っていただくため業界誌にこだわらず、僕は様々な媒体を川嶋さんに紹介していただき、卓球業界を盛り上げていくこと、3年で我がチームを日本一にすることなどを語っていきました。

動画配信の力も活かして宣伝をしていこうと思ったのは、卓球ユーチューバーのぐっちぃに出会ったことがきっかけです。当初は全くYoutubeに興味がなかったのですが、ぐっちぃに「チャンネル登録者はどれくらいいるの?」と聞いたら「10万人くらいです」と言われて衝撃を受けました。そしてすぐに言いました「君、入団決定ね」と。琉球アスティーダはTリーグで初めてのユーチューブチャンネルを立ち上げ、卓球のスキルを学べる動画、笑える動画、人気選手のオフショットが見られる動画など、できるだけ多くの角度からチャンネルにたどり着く人がいるよう工夫して動画をアップしていきました。登録者5000人の目標は立ち上げて半年ほどで達成、現在の登録者は2万4000人ほどです。中には、30万回以上再生されている人気動画もあります。

試合中のハーフタイムにおいても、楽しさ、新しさ、意外性などを考え観客の皆さんに喜んでもらい、メディアで話題にしてもらえる企画を行いました。たとえば筋肉ユーチューバーで人気の「ぷろたん」などを呼んで行ったショー。卓球はおとなしめで細い選手たちのイメージがあるので、マッチョな彼らが突然全力で卓球をやるミスマッチが面白く、会場は盛り上がっていました。

また、地域密着型アイドルグループを育てるプロジェクトも行っています。エントリーした沖縄在住の女性たちから「ミクチャ」というアプリを使用してオンラインでオーディションを行い、選出されたメンバーはアイドルとして活動します。2020年秋から約3カ月間のオーディションを経て結成されたのは、5人組アイドルグループ「Ka☆Chun!」。パフォーマンスを通じて未来を照らす、太陽のようなアイドルユニットを目指して活動し、試合会場を盛り上げてくれています。グループ名の「かちゅん」は沖縄の言葉で「勝利」という意味で、「☆」は勝ち星を表しています。楽曲のデジタル配信やライブ配信、SNSでファンとのコミュニケーションをはかり、その活動域をリアルとデジタルに拡大していきながら、沖縄をはじめ日本、世界をたくさん元気に明るくできるようにというビジョンを持っています。

知名度を上げていくためには、メディア戦略は欠かせません。少しずつ人脈を広げ、新しいことにチャレンジしながら琉球アスティーダが愛されるチームとなるよう取り組みを続けています。

Episode 4

偶然の出会いから生まれた大切なご縁　安里繁信様

安里繁信会長は、日本青年会議所（JC）の会頭まで上り詰めた沖縄随一の実業家です。安里会長の高名は至るところで耳にしていましたが、なんと出会いは飛行機の中。偶然にも隣の席でした。

こんな貴重な機会を活かさない手はないと思い、話しかけようと思いましたが、真剣に読書をしていてお邪魔をするわけにもいかず躊躇しているうちに、ひと寝入りされていました。思い切って話しかけたのは飛行機を降りてから。「琉球アスティーダの早川です」と自己紹介し名刺を渡し、後日食事をご一緒させて頂きました。その時に、お互いに沖縄の将来、作り上げたい未来を語り合ったところ意気投合し、弊社のアドバイザーとして応援して頂けることになりました。

安里会長からは様々な経営者の皆様をご紹介頂き、今では月に一度は食事に行きます。

ご縁を大切に、お声がけをする――最初は小さなきっかけかもしれませんが、おかげで、そこからたくさんの貴重なご縁や機会をいただくことができました。

「チャンスの神様は前髪しかない」と言いますが、**「チャンスがあったら即行動することで未来は大きく動き出す」**ものだと、僕は思います。

第5章
★★★

優勝、そして、株式上場

サードシーズン、勝利への確信

Tリーグのファーストシーズンを最下位でスタートした琉球アスティーダが、セカンドシーズンでは2位に。いよいよ日本一が射程圏内に入ってきました。サードシーズンも吉村真晴をキャプテンに、戸上隼輔や宇田幸矢など勢いがあり将来有望な若手選手が入団して、「1位を獲りにいこう!」とチーム全体がエネルギーに満ちていました。開幕戦では、前シーズンの1位と2位が対戦します。我々が戦うのは、強豪である東京のチームでした。

前日、チームメンバーを集めて開催した食事会の場でふと、僕の頭にあることが浮かびました。「このチームは、サードシーズンに絶対に優勝する」ということでした。希望でも期待でもなく、そのときに僕の胸にあったのは確信に近いものでした。監督、コーチ、選手。全員の向いている方向が一致していたし、チームの雰囲気も良い。優勝した後、雑誌のインタビューで「いつ優勝することを確信されましたか?」と記者の方に聞かれたときにも、僕はこの食事会での瞬間だと答えています。

そんな中で挑んだ初戦のことです。琉球アスティーダは、ダブルス0-2、シングルス0-3、シングルス0-3、シングルス0-3で、なんと1ゲームも取れずに負けました。Tリーグが始まって3年、これほど鮮やかな負け方があったでしょうか。まさに、歴史的大敗でした。

その日控え室に戻ってきた選手は、当たり前ですが落ち込んでいました。僕は彼らの中に入っていって声をかけました。

「おまえら、やるな〜!」

「すごいぞ。こんな試合できるのね、おまえらくらいだよ。だって、これだけ日本の未来を支える若手のエースが入ってきてさ、それでこれだけストレートに負けるのは、もはや潔いよ!」

「今日の試合は練習試合ね。落ちるところまで落ちたんだからもう忘れて。全部忘れて、勝負はここからだよ!」

選手はどう思って聞いていたのか、僕は分かりません。でも、僕は選手の、チームの力を信じていました。このまま、負けたままでいくはずがない。落ちるのはもう終わりで、ここから上がっていくんだ、やってやろうぜと。だから、負けを絶対に引きずらせたくなかった。負の連鎖をつくりたくなかった。僕は試合に負けたときに、選手を責めることは絶対にしません。誰がいちばん試合に勝ちたかったかといったら、選手です。もしかしたら、負けたのはチームのマネジメントに問題があったのかもしれない、監督の指示に課題があったかもしれない。結局、全責任はオーナーである自分にあると思っています。だから負けても勝っても選手と時間を共有して、まるで親子、兄弟のようにサポートしていくのが僕のやるべきことです。その覚悟を初めからしていることが、この3年で選手に通じてきたかな、ということは感じています。

2戦目から琉球アスティーダは、リーグの最多連勝記録となる9連勝を成し遂げ、プレーオフファイナルではストレートで勝利し、初優勝を果たしました。まさに歴史的大敗からの、歴史的優勝です。優勝後のインタビューで、監督の張は「真晴をキャプテンにして本当に良かった。開幕戦0対4という最悪のスタートから連勝できた選手たちは素晴らしかった」と言いました。僕も同じ思いです。相手がどんなに強いチームでも、一人ひとりが思いきり最高のパフォーマンスでぶつかって実力以上のものを出せば勝てる。見上げるような大きな相手にも打ち勝って、日本一になれるのです。僕がずっと信じていたことが結果となって表れたことはとても嬉しくて、涙が出ました。優勝の瞬間の写真を見ると、誰よりも大きなガッツポーズで喜ぶ自分が写っています。

来季も絶対に優勝しよう!
僕はおまえたちのことを大好きだし、チームを愛している。
最高のチームだと思っている。みんなで、もっと最高&最強のチームを作ろう!

沖縄から、世界へ

僕は、琉球アスティーダの運営会社を設立した当初から「沖縄から世界へいこう！」と言っています。そして実際に、サードシーズンで日本一のチームになったことで露出度も高まり、多くの方に自分の企業ロゴや看板を見てもらいたいというスポンサーのみなさまのご期待にも応えることができました。

フォースシーズン目からは、当社の子会社が運営する、福岡を拠点とした女子卓球チーム「九州アスティーダ」がTリーグに参戦。「ONE九州、九州全土で旋風を起こす。」をビジョンに、人材育成を軸に地域の企業や産業とともに成長するスポーツクラブへ。九州の子どもたちに夢を与え自己実現を目指す環境を提供し、自分の力で未来を切り拓く子どもたちを応援することを目指しています。また、株式上場した当社の後ろには機関投資家の方たちがいますから、ビジネスのスケールを大きくしていく必要もあります。琉球アスティーダで実現したことを九州に展開して、パイを大きくしていくことを狙っています。さらにそのビジネスモデルを将来はJリーグやBリーグで広げるという展開もあり得るでしょう。

Tリーグは、少なくとも男女で8チームずつのリーグになってほしいと考えています。現在は残念ながらその目標まで遠いと言わざるを得ませんが、今、ドイツやインド、中国、フランスなど各国の卓球リーグにおいてワールドチャンピオンシップ（世界大会）をやっていこうという動きがあります。僕は、それを沖縄で開催し、琉球アスティーダをアジアで、世界で誰もが知るチームにするというビジョンがあります。我々のクラブは、拠点がアジアの他の国に近いことやアジアの有名選手が在籍していることなどのアドバンテージがあります。沖縄を卓球の聖地に成長させて**「強くなりたかったら沖縄に行こう」**と言われるようにしていきたいと考えています。優秀な人材が集まるサイクルを生み出せば、海外の選手たちの合宿地にもなれるでしょうし、世界大会の開催も決して夢ではないと思っています。

2024年にはパリオリンピックが開催されます。僕は、卓球の全選手、3名を琉球アスティーダから出したいと考えています。琉球アスティーダは、この勢いを止めることなく世界を目指します。

株式上場までの流れ

サードシーズンでチームが優勝したその日に株式上場の対外公表を行った当社でしたが、そこまでの道のりは、非常に長く険しいものでした。特に琉球アスティーダは「プロスポーツチームで初の上場」「株式投資型クラウドファンディングで資金調達をした企業で初の上場」と初めてのことが多く、あらゆる方面と粘り強い調整が必要になりました。

2018年の夏頃、琉球アスティーダスポーツクラブは2020年の上場を目標にキックオフを行いました。上場するためにはいくつかのステップがあります。まずは、「どの市場にいつ上場するのか」という方針を決定すること。既存株主からの同意を得て、資本政策を検討します（株式上場方針決定時期）。

上場には専門家との連携が不可欠ですが、そのうちのひとつである主幹事証券会社（審査会社）を選定します。また、企業の経営成績やキャッシュフローの状況、財政状況が適正であるかなどを審査する監査証明のため、監査法人も選定します。証券会社・監査法人・上場したい企業。この三者が揃って初めて、上場の準備が始まります。「三者会議」というミーティングを定期的に行い、上場企業にふさわしい体制に整えるための手続きや実務を進めていきます。その主な内容としては、資本政策、事業計画、内部統制、コンプライアンス対応や経理体制の整備、上場のための申請書作成にあたっての情報整理などがあります。

資本政策においては、株式を上場することで不特定多数の株主が生まれることになります。「流動株」というのですが、企業のステージによりどれだけの流動株を確保するのかを判断するために創業者はどれくらいの株を維持するか、慎重に決めていきます。当社は僕が約60％の株を保持しています。

また事業計画については、会社が作成する事業計画をベースに、事業の内容や将来の成長性などをジャッジします。さらにルールにもとづいた内部統制の整備とコンプライアンスの専門知識をもとにした対応など、上場するには多くのポイントで審査に通らないといけません。

準備段階の流れをまとめますと、まず、上場する市場を決めたら、資本政策と事業計画を主幹事証券会社と相談し、基本方針を固めていきます。主幹事証券会社の事前審査を経て、次の段階の審査へと進んでいきます。そして上場するフェーズ（株式上場直前の時期）では、証券取引所から最終的な審査を受け、この審査が完了すれば、上場が見えてきます。

ＴＰＭ（東京プロマーケット）という市場

琉球アスティーダが上場に選んだのは、TOKYO PRO Market（東京プロマーケット）という市場でした。「ＴＰＭ」「プロマーケット」と呼ばれる、東京証券取引所（東証）が運営する株式市場の一つで、２００９年に開設された比較的新しい市場です。大きな特徴は〝プロ向け〟の株式市場であること。東証一部・東証二部・マザーズ・JASDAQのような一般市場の場合は、個人・法人（企業）にかかわらず誰もが投資家として自由に市場で株を買うことができますが、TPMは、株を買える投資家を、株式投資の知識や経験が豊富なプロ投資家（＝特定投資家）に限定しています。プロ投資家しか参加できないようにすることで、多くの人々が参加する一般市場よりも柔軟な上場基準になっているのです。琉球アスティーダがまず上場するのは、この市場が最もふさわしいと判断しました。

上場審査や上場維持のための助言・指導を行う「J-Adviser」という機関があります。主幹事証券会社を選定するにあたり我々がアドバイザー契約を結んだのは、沖縄の上場支援をするOKINAWA J-Adviserという会社でした。沖縄に会社があることからコミュニケーションも取りやすく、沖縄の企業を上場させた経験もあるので適切だと考えてのことでした。しかし、半年くらい経った頃でしょうか、OKINAWA J-Adviserが、J-Adviserの資格喪失申請をするというリリースを出しました。つまり審査事業から撤退するということですが、事実上は、業務上の管理がされていないという判断のもと、金融庁から免許を剥奪されたのです。その過程で出会ったのが、フィリップ証券の脇本源一役員でした。

脇本さんとお話しして「この人はいいな」と思いました。僕は、本書内でも述べているように随所でキーパーソンと出会ってチャンスを掴んだり、ピンチを切り抜けたりしているのですが、脇本さんもその一人かもしれません。フィリップ証券は総合金融グループなのですが、TPMに関する制度をつくったり、企業を上場させている実績もノウハウもどこよりもあり、最も信頼できる証券会社だと感じました。TPMの上場は数値の基準というものはなく、市場の透明性と公正性を確保する観点から個別のケースについて判断していくことになります。フィリップ証券が様々な業種の株式上場をサポートしてきたことは、必ず我々にとって良き方へ働くと考えました。たとえば上場するためには、企業の内部統制が必要です。しかし、それを強化しすぎることは経営自体に負担がかかることになります。適度なバランス、線引きができるかどうかというのは証券会社の経験にかかっていると僕は思いました。長年TPM市場を作ってきたフィリップ証券は、そこの案配を熟知されていたのです。TPMについてここまで詳しく、実績があるこちらの会社に引き受けをしてもらった方が間違いなくスピード感があり、コミットしてくれると判断しました。何よりも「一緒に上場しましょう！」という脇本さんの前向きなスタンスが良いと思いました。最初に顔合わせをしたその場で、パートナーとしてやっていってほしいとお願いをしました。

各リーグが上場できなかった理由

パートナーとなる証券会社が決まって一安心したのも束の間、OKINAWA J-Adviserへ提出するために作っていた書類をフィリップ証券へと移行する作業を始めていたのですが、次の打ち合わせで脇本さんから「このままでは上場できません」と言われてしまいました。今度は何が問題なのか聞いたところ、Tリーグ側の規約にその理由がありました。主要な株主の移動がある場合には、Tリーグ理事会の許可が必要になるとのこと。つまり公開市場に上がるにあたり、譲渡制限があるということでした。誰もが株を買える状態にしなくてはいけないのに、株式が自由に動かせないというのは株式公開会社として適切ではありません。その点を打開するためには、Tリーグの規約内にある該当する条項について「適用しない」という許可を取ることが必要になりました。規約の解釈を変えてもらうということです。理事会にその許可をもらわなければ、琉球アスティーダの上場は叶わないということで、次の内容を書面にしてTリーグに直訴することにしました。

「Tリーグの安定的な発展を図るため、各チームの運営法人が適正な運営を行いながら、その業務を拡大していくことは重要なことである。そのため、株式会社としてTリーグの運営法人は株式を上場させることで、ファンのみならず資本市場における投資家たちからも健全な資金調達という支援を受けながら事業運営を行っていく。それこそがTリーグチーム運営法人の適正な運営、ひいては、Tリーグの安定的発展に資するものといえる。Tリーグとしては、株式上場によるTリーグチーム運営法人の適正な発展に資するよう、Tリーグ規約の一部（Tリーグ規約第19条第2項にいう『当該Tリーグチーム運営法人の支配状況に影響を及ぼすこととなる株式の譲渡または株式の新規発行』）に関して解釈を変えていただきたい」

このTリーグ規約第19条第2項は、反社会的勢力が入ってこないようにすることなどを目的として定められた規定です。Jリーグにも類似の規定があるために日本のサッカーチームは上場できたチームがない、という現実がありました。つまり、各競技、各リーグにおいてこういう規定があり、だからスポーツチームが上場できないのだということに気がつきました。「プライシングを受けていない」という、僕があげていた三つのスポーツビジネス課題の根源のひとつが、ここにあったのです。

リーグの発展、チームの発展を考えたら、この規約はやっぱりおかしいということをリーグのチェアマンに相談しました。上場するときは、反社チェックだけではなく上場企業として適正かどうかは徹底的に審査されます。株主が増えたとしてもふさわしくないものはそもそも入ってこられないのです。この件に関しては少なくとも10回は話し合いをしたでしょうか、やっと規約の解釈を変えてもらうことになりました。何度も言ってしまいますが、これも普通のビジネスだったら当たり前に通じる話だと思います。でもTリーグ側からすれば「なぜスポーツチームが上場なんてするのか」というところからのスタートなのです。証券会社、監査法人、証券取引所……自分たちとは縁がないと思っていたようなところからいろいろ言われることはやはり怖いし、面倒に感じるだろうと思います。規約の解釈を変えてほしいと最初に直訴したときも、当然のように「3年前に作ったばかりの規約をそう簡単には変えられませんよ」という返事でした。その視点は理解しつつ、ここは曲げられないと思い何度も説明しました。できたばかりのリーグだからこそ安定的にチーム数を増やして、運営方針を明確にして成長しなくてはいけない。そのためには、スポーツ業界に慣習としてはびこるおかしな規則については排除して、成長する企業を増やし、魅力あるリーグというイメージを作って参加するチームを増やしていかないといけない。つまり、大義を果たすためには、既存のJリーグやBリーグの規約を踏襲するのではなくて、新しい形を作っていく必要がある。できたばかりのリーグだからこそ、新しいものを受け入れて新しい発展の仕方を目指すべきで、そのために障害となるものがあるなら、どんどん変えていきましょう！と。リーグ側に納得いただくのには結構な時間がかかり、スポーツ業界自体に経営感覚をもった人が少ないというのを改めて実感しました。

Tリーグは、BリーグやJリーグにいた方などの〝肩書き〟で集められた、専門性の少ない人材で成り立っている状況であったことも理由の一つです。きっと10年後には、Tリーグは全く違うかたちになっているだろうと希望を込めて思っています。僕があらゆる方面から反対されながらも壁を突破したことで、スポーツ業界に新しい道を切り拓いたわけですが、このことがリーグを変えていくきっかけになることを強く願っています。

日本初の事案だからこその、壁

Tリーグ規約の解釈を変えたあとは上場まで一気にスムーズに……と言いたいところなのですがそう簡単にはいかず、上場審査も大変タフなものでした。「スポーツは儲からない」という強い既成概念の中でプロスポーツチームで初めて上場するには、前例がなく難航したのです。たとえば、ある出版社が上場しようとしていたとします。資金調達をすることで新刊を出版し、書店・ネット販売を含めて売り上げを出し、その資金を必要なセグメントごとに投入することで会社自体はこのような成長曲線を描きますと東京証券取引所に説明するときに、前例があればそのビジネスモデルは理解いただくのも早いです。

しかし、プロスポーツチームに関しては東京証券取引所も、証券会社も、ビジネスモデルが見えていません。我々がどういう形で収益体制を整えているのか理解ができないのです。最初はやはり「スポンサー収入が不安定ではないか？」という議論になりました。スポンサー候補となる企業様は、その見込み、確度に合わせてAランク90%以上、Bランク70%以上、Cランク50%以上というようにランク分けをしています。加えてスポンサー単価はいくらであるのか、いくらの案件を何件決めるべきかという詳細な予算づくりをまとめた見込み表を毎月、証券会社に提出しました。予実管理（予算と実績の管理）を厳しく確認されたのです。今でこそ営業部隊がDXを使いながらスポンサー営業を行っていますが、セカンドシーズンあたりまでは僕がほぼ一人で営業を行っていました。そのことも会社が健全に成長していく仕組みとして課題があるということを指摘されたため、営業の仕組み化についても上場までにできる限りの改善をしていきました。

東証の立場に立ってみると分かることなのですが、上場後、初めての事案である当社にもしも何か問題が起きたときに「上場を許可したのは誰だ」という責任を問われることになります。ですから、考えられるリスクは全て潰していかないといけないということだったのでしょう。重箱の隅をつつくような質問を繰り返され、何度同じことを説明しても通らないこともありました。当社の管理本部長が「東証さんは、うちの会社を上場させたくないのではないでしょうか」と弱音を吐いたこともありました。上場に慣れていない当社スタッフから見ると、不信感が溜まってしまったのでしょう。実際、普通のケースなら2度ほどの質疑応答で済むようなところを、我々は実に7度繰り返したのです。

上場予定は2020年の6月でした。7月24日にオリンピックが開幕する予定だったので、その直前に上場することを目標にしていました。卓球がメダルを獲得すれば、注目銘柄になりますから東証にとっても良いことです。ことあるごとに「オリンピックの前の月までに絶対に上場したい」と主張していました。

しかし我々の事業の一つである飲食店経営がコロナ禍で厳しい状況となっていったことや、観光業が打撃を受け沖縄に人が集まらなくなったこと、無観客試合によりスポンサー収入が減ったこと、そしてどこにでもついてまわる「日本初の事例である」ことで上場審査は延ばされました。「オリンピックも延期になったのだから」と言われてしまったのです。1日でも早く会社を上場させたかった僕にとって、2020年のこの時期はとても苦しいときでした。

上場とは、選ばれし経営者となること

審査が延ばされた後、8月か9月頃だったでしょうか、僕はある経営者と話をして、視点の転換をしました。僕はその方に「今、正直ちょっと苦しいんですよ。やっぱり、このコロナの時期に上場するっていうのは相当難しいのですかね」と話しました。するとその方は「参考になるかは分からないけど……」と前置きをして次のようなことを言ってくれました。

「小学校から中学、高校、大学と、野球をやっている人って多いよね。じゃあ、プロ野球選手になる可能性と、起業した会社を上場させる可能性って、どちらが低いと思う?」

僕はとっさに「そりゃ、プロ野球選手でしょう」と言いました。甲子園や全国大会はそれほど珍しくないかもしれないけれど、才能があると言われてずっと野球を続けて甲子園に出たとしても、そこからドラフトで指名されるのはほんのひと握りの人材です。1％いけるかいけないか、プロ野球ってそれくらいの厳しさでしょう、と。

「全然違うんですよ。上場企業の社長になる確率の方が断然、低い」

日本全体で見ると上場企業の数は4000社弱、沖縄に限って見ると当社は8社目くらいでした。会社を上場させるのは、選ばれし経営者になるということなのだとその時に気が付きました。

「苦しいの、当たり前じゃない？」とその経営者の方は言い、本当にその通りだなと僕は思い、力をもらった気がしました。

それからも厳しい上場審査は続きました。あるときは、こんなやりとりもありました。上場には、情報管理やセキュリティの観点からの審査があるのですが、琉球アスティーダスポーツクラブは中城村にある元特別養護老人ホームだった施設をお借りしていました。卓球場や、体育館や、トレーニング施設、体をケアする場所もそこにあります。その施設を本社機能として、管理本部を置くつもりでいたのですが、セキュリティの面で引っかかってしまいました。「誰でも入ってこられる可能性がある」とのことでした。しっかりと錠や鍵をかけなければいけない、セキュリティの整備はあるのかなど、様々な制約があるのです。あまりに細かいことばかり指摘されるので、「そんなこと言うんだったら全部の入り口に鍵をかけますよ。我々は窓から入ります」とつい言ってしまいました。まあ、冗談ですが。

本社機能を別に構えるにあたって、我々は株主やスポンサーのみなさまから貴重なお金をお預かりして会社を運営しているのだから、余計なことは一切したくないと思いました。そこで、アパートの半地下、家賃4万8千円の部屋を本社とすることに決めました。トイレも外にある物件で、ベンチャーキャピタルの担当者がいらした際はどこがオフィスなのか分からなかったくらいです。

「アパート名にオーシャンビューって書いてあるけど……どこ？」と言うその方を駐車場に案内し、半地下の本社にお連れしたら

「こんな筋肉質な会社見たことない！」

と驚かれました。贅肉がない。つまり、余計な経費を使わない。上場会社の本社オフィスとしての家賃は最安値ではないでしょうか。でも、ここが琉球アスティー

ダスポーツクラブの原点であり、僕のこだわりでもあるのです。人口約2万人の村、こんな小さなオフィスからでも上場できるのだということを、証明したかったのです。

異例の懇願

2020年12月初め、度重なる交渉を根気よく繰り返していましたが、もうこのままでは上場できないと思い、僕は勝負をかけることにしました。証券会社を通じて、東証さんと直接話をさせてくださいと頼んだのです。東証の皆様に、「心配していることがあるなら全て言ってほしい。全てお答えできます」とお伝えしました。当社は12月が決算なので、そこで上場意向表明をしなければ、改めて数字のチェックをしなければならない書類などが増え、上場がずれ込むのです。絶対に説得してみせると考えていました。その話し合いを経て、ついに当社が上場できる流れになりました。

僕は、90社近くの企業の顧問をしてきましたが、代表として自分の会社を上場させるのは琉球アスティーダスポーツクラブが初めてでした。理由は、代表取締役として企業を上場させると「専属義務」というものが生じ、他の会社の役員や、非常勤役員というようなものを全て外れないといけないという制限があるからです。

僕は、弱いところに光をあてようという志を持って、たくさんの企業、魅力のある起業家たちを押し上げ、夢の実現を応援してきました。それが自分の能力を最も発揮できることなので、あえて自分が代表となることはしてきませんでした。でも、今回スポーツ業界が抱える課題、同時にスポーツが持っている社会課題を解決する可能性というものに直面して、これなら、僕の起業家人生をかけてもいい、この事業でスポーツビジネスの歴史を変えたいと心から思ったのです。

そしてついに、琉球アスティーダスポーツクラブは上場までこぎつけました。

とても長く、きつい道でした。

チームは日本一へ

琉球アスティーダスポーツクラブが上場することが正式に発表されたのは、2021年2月26日、15時半のことです。対外公表というのですが、上場の日程が東京証券取引所のサイトにアップされました。それから1時間後に開始した試合で琉球アスティーダは見事勝利を収め、Tリーグのサードシーズンで優勝します。面白い偶然があるものだと思いました。

ちょうどそのころは新型コロナウイルスの感染者が拡大中で、上場する企業が取引を開始する初日に行われる上場セレモニーは中止という時期でした。テレビなどで観たことがある方も多いと思いますが、企業の代表や関係者が木槌を持ち鐘を5回鳴らします。（5回の理由は「五穀豊穣」に由来）。

中止期間中は、「打鐘日」が設定され、鐘を鳴らせなかった企業の方々に代わりまとめて鐘をならしていました。ところが、我々が上場する3月30日の前日から、また上場セレモニーをやることに決まったのです。その日はその年で最も多くの記者さんが集まったそうで、東京証券取引所の地下会見室は満席でした。

当日は、11時にフィリップ証券会社のお世話になった方々と待ち合わせをして食事をしました。いろいろなことがあり本当に大変だったけどなんとか乗り切ってよかったということで、僕はお酒が弱いのにビールを飲んでしまいました。盛り上がって楽しい時間を過ごし、気がついたらセレモニーギリギリの時間！　食事会場からセレモニー会場まで、スーツを着た大人が全員必死で走って間に合わせました。

会見で記者の方の質問に答えながら、ようやくスタートラインに立てたのだという安心感がしみじみと込み上げてきました。

TPMは、当社にとって始まりに過ぎません。ですが、ずっと上場すると言い続けてきたことが現実になって良かった。周りの人たちには散々無茶だと言われてきたけど、自分が頭に描いていた場所にまずは立てた。スポーツビジネスの歴史に新しい一歩を刻めた。そのことにほっとしていました。次の戦略も着々と進めています。

第6章
★★★

未来へ

新しいことに挑戦し続ける

チーム創設3年目で初優勝。プロのスポーツクラブで日本初の株式上場。株式投資型クラウドファンディングで資金調達をした企業として初の株式上場。琉球アスティーダスポーツクラブは、「これまで同じ業界の人たちがやってこなかったこと」を次々と実現してきました。これらはすべて、「弱い地域や、弱いものに光をあてる社会をつくる」という志を持つ僕が卓球業界に入り「プロスポーツビジネスは、このままではいけない」という強い思いにかられたことから始まっています。そして僕は、これからもこの流れを止めません。自分の「志」に合致してワクワクするものには、どんどんチャレンジしていきます。

ここでは、現在当社が取り組んでいる新しいことをいくつかご紹介します。

FiNANCiE（フィナンシェ）との出会い

琉球アスティーダは、卓球クラブチームにおいて世界で初めてブロックチェーン技術を利用した「クラブトークン」を発行しました。トークンは日本語で「しるし」「証」という意味です。クラブトークンとは、お気に入りのスポーツチームが発行するデジタル通貨を保有して、特典を受けたりチーム運営に関わりを持ったりするサービスのことです。欧州をはじめ海外では、FCバルセロナやユベントスFCなど主要なプロスポーツチームがオンライン上でのファンサービス・クラブ応援ツールとして採用しています。クラブトークンはチームのファンであるという証の役割を果たすだけでなく、保有することでクラブ発の投票企画への参加や、トークン保有者限定の特典への応募ができるなど、新しい体験ができるデジタル上のアイテムです。

サッカー選手のメッシが、契約金の一部をクラブトークンでもらうというニュースでその存在を知った方もいるかもしれません。クラブトークンは、ブロックチェーンで発行・管理され、ポイントのように数量を持つもので、サポーター（トークン保有者）の売買に応じて、価格が上下します。つまり、価格が上がった時に売却すれば利益を得ることもできます。チームのファンにとっては、愛着を持って応援する喜びが拡大し、またチームにとっては、デジタル通貨の役割を果たすクラブトークンを販売して収益を活動資金に活用することができます。現在は日本でも湘南ベルマーレさんやアビスパ福岡さんなど、サッカーのクラブチームで広まり始めています。

僕は当初、チームのみに関わるファントークンではなくて、世界共通で卓球ファンが所有するテーブルテニスコインのようなものをつくろうとしていました。世界中どこでも買えて、そのコインを持っていれば、ドイツのブンデスリーガやロシアのプロリーグなど各国の試合を見られるような仕組みをつくり、卓球ファンを拡大したかったのです。

しかし現在の日本の資金決済法などの問題で海外法人がないと実現ができなかったので、やりたかったことにいちばん近いクラブトークンを「FiNANCiE（フィナンシェ)」というアプリで実行することにしました。株式会社gumiの創業者であり、ベンチャー界では知らない人はいない國光宏尚氏が立ち上げたサービスです。

当社の原動力は、チケットとスポンサー収益に頼らない自主自立とも言える独自のクラブ経営モデルです。またそれは、「スポーツ×〇〇」という掛け算的思考により世界を目指す挑戦的思考にもとづいています。そこで、デジタルグッズであるクラブトークンを使った「ファン×地域×クラブ」の絆を強めるオンラインでの新しい体験を提供することで、世界を目指すチームをサポートする応援コミュニティを築いていこうと考えました。

琉球アスティーダのトークンを購入すると、クラブ運営を支援すると同時に限定イベントやグッズへの応募ができたり、フリートークができるチャンネルでクラブ愛を語り、ファン同士の交流ができるなど、チームや選手をより近しく感じていただくことができます。また保有数に応じて参加できる投票企画を行っていて、年間MVPやクラブグッズの新商品案、パートナー企業とのコラボ商品のデザインなど楽しめる投票テーマがあります。

たとえばオーダーの予想をしていただき、当たった方にトークンのポイントをプレゼントするイベント企画。卓球の団体戦は、どの選手が、何試合目に出場するのかという順番や、誰と誰がダブルスを組むのかということが勝敗にとって重要です。このイベントに参加するサポーターの皆さんは、ただ好きなチームが勝った、負けたではなくて、より試合に注目し、試合のことを真剣に考えるようになります。特定のチームを応援するというのはそれだけで楽しいものですが、トークンを持つことでその楽しみはより大きくなるのです。トークンは100円ほどの金額から購入できるのも魅力の一つで、トークンの価値が上がるとオープンチャンネルでのファンの皆さんのコメントも盛り上がっていきます。

海外のスポーツ観戦がより盛り上がっているのは、こうしたサービスを利用していることも理由の一つです。我々が創り上げたいのは、スポーツに熱狂する空気です。クラブトークンを買っていただいた方とチームを大きくしていく、チームを強くしていく、ファンの方も増え、チームの価値も上げていくという循環をつくりたいのです。

京セラ×琉球アスティーダ

大手の電子部品メーカー・京セラさんと、おもしろい事業を共同で行っています。京セラさんと慶應義塾大学SFC研究所が共同開発した「3軸水晶ジャイロセンサモジュール」を活用した、卓球の技術向上を目指した実証実験です。本実証実験では、「卓球ラケットセンサシステム」を琉球アスティーダの所属選手のグリップに装着。このシステムは、高い計測精度を有しており、選手のラケットの角度や軌道の高精度なデータを取得することができます。これにより、従来では速すぎて肉眼で捉えられなかった選手のラケット姿勢、スイングスピード、ヒット時刻、ボール軌道などを検知し、パソコンやスマートフォンの画面上で様々な方向から見ることができるようになります。このデータをコーチングやトレーニングなどへ活用することで、自らのスイングを確認したり、選手の動きとの比較をすることもでき、技能向上につなげることができます。競技人口が急増しているインドやアフリカなど、グローバル市場での実用化も視野に入れています。

スポーツ×テクノロジー

テクノロジーを活用してスポーツの価値を向上する新たな試みとして、21年10月、国内のプロスポーツチームでは初めて社債を発行しました。社債発行は、企業にとっては伝統的な資金調達手段の一つ。米国のメジャーリーグ球団や欧州のサッカーチームでは実績を持つものの、日本のクラブチームで実施したのは琉球アスティーダが初めてです。

私たちは社債専門ネット証券である「Siiibo証券」を活用し、オンラインで投資家を募りました。社債は「保有期間中は継続的に一定の利益が得られる」金融商品であり、スポーツ業界を応援したい方との新しい関係性づくりを可能にします。この試みにより、実際に沖縄の人々や卓球サポーターの枠組みを超えた新規サポーター層の獲得につながりました。

企業にとっては地域の魅力を全国に発信する新たな手段、そして投資家にとっては地域を応援する新たな形として、次世代へと渡すスポーツビジネスの新しい循環の一つになればと考えています。

次世代アリーナ建設

現在、再開発が進んでいるある地域に「アスティーダ浦添アリーナ（仮）」の建設をしたいと計画しています。アリーナとは、観客がステージや競技場をぐるりと囲む施設のことです。その日本最大規模は埼玉スーパーアリーナで、約2万7000人を収容することができます。現在、大きな施設を造るのを良しとする流れがあるのですが、造った施設が稼働されていないという問題もあります。これだけテクノロジーが発達している今必要なのは、もっと小規模のアリーナなのではないかと思っています。僕は「1000人が熱狂できる箱」をつくろうとしています。日本全国を見ても、小規模のアリーナというものは意外と少なく、だからこそあえて稼働率が上がる次世代アリーナモデルをつくるつもりです。テクノロジーを活用し、500~1000人くらいなら人が集められるというアーティスト、イベント、競技においても臨場感、一体感が感じられるアリーナにします。

たとえば、ステージを可動式にして卓球や3×3、eスポーツ、格闘技、展示会や株主総会、講演会、また、地元の人の結婚式などでも使えるようにするのです。大きな箱は借りられないけど、1000人規模の会場でやりたいというニーズはかなりあるので、そういうニーズに応えることで高い稼働率をキープします。施設内にはホステル、レストラン、パーソナルジム、整骨院やラウンジ、多目的スタジオなどを併設して利用機会を増やします。また、建設予定地には温泉が湧くことが分かり、複合スパの併設も予定しています。

アスティーダフェスティバル

すでにある大規模施設の有効活用について我々が取り組んでいるのが、沖縄アリーナで2021年12月末、2022年2月開催の日本最大級のスポーツイベント「アスティーダフェスティバル」です。沖縄アリーナは約1万人を収容、ライブ配信に適したリモートカメラ（4Kインテグレーテッドカメラ）や、国内アリーナ初の常設となる自由視点映像システム「4DREPLAY」を設置するなど、日本でも最先端なアリーナといわれています。そこでスポーツや食、エンターテインメントなど様々なコンテンツを盛り込んだお祭りをします。Tリーグの興行や、著名な方のセミナー、eスポーツ、ドローンショー、エイサー、音楽ライブ……。アリーナの外では「肉王フェス」と題して沖縄県ナンバーワンステーキ王決定戦や物産展などを楽しむことができます。また最先端技術の体験として、頭にヘッドマウントディスプレイ、腕にアームセンサーを装着するARスポーツ「HADO」の体験ブースも登場します。自らの手でエナジーボールやシールドを発動させ、フィールドを自由に移動し、仲間と連携しながら対戦を楽しむことができる新しいエンターテインメントです。僕はスポーツチームの株式上場についてセミナーを行う予定で、当社のビジネスモデルに興味がある方や経営者の方々のニーズにも応えられる場になります。アミューズメントパークのように1Dayチケットで全てのコンテンツを楽しめるようにすることで、アリーナを最大限活用してどれだけ人を呼べるのかというこことにチャレンジしたいと思い、アスティーダフェスティバルを企画しました。フェスで沖縄から健康・観光・テクノロジー・スポーツビジネスを最高のエンターテインメントとして発信しようと準備を進めています。

小さなオフィスから夢を叶えよう

「琉球アスティーダスポーツクラブ」があるのは人口約2万人の村、沖縄・中城村。オフィスは初めて来る人が見つけられないくらいの小さなアパートの半地下。ここから上場会社をつくって世界に出るというのが、僕の目標でした。当社のビジョンにある「見上げるくらい大きな相手にも、打ち勝てる。失敗しても、どん底にいても、何度でもはい上がれる」は、そのまま僕の志です。全ての人が夢を叶えられる社会をつくることが、僕の実現したいことです。

日本の卓球が強くなったのは、卓球が上手な子どもをスカウトし、名門校やエリートアカデミーなどに入れてしっかりと教育し、国家予算などを使って育成してきた背景があります。それはそれで素晴らしいことです。しかし、僕は思うのです。中学校で卓球部に入った、良い先生や仲間に恵まれて夢中で練習して強くなった……そこから強い選手が生まれても良いのではないかと。

文部科学省は、「スポーツ立国戦略」を掲げています。すべての人々へスポーツの機会を確保し、安全・公正にスポーツを行うことができる環境を整備していこうというコンセプトです。そのなかに世界で競い合うトップアスリートの育成・強化という重点戦略があり、オリンピックなどの世界競技大会で日本がメダルを多く獲得するために予算が設定されています。TOKYO2020で日本が過去最多、58個のメダルを獲得したのもその戦略が功を奏したからです。でも、オリンピックで盛り上がって終わり、ではいけないと思うのです。これをきっかけに新しいスポーツを始めたり、スポーツを楽しむ時間が増えたり、まずは国民一人ひとりがスポーツと向き合える国をつくっていくべきなのではないかと思っています。

強い選手を育てることは大切なことですが、スポーツ立国として日本が成長していくにはエリートにだけフォーカスをあてるのではなく、国民全体がスポーツを楽しむ環境をつくることが大切なのではないかと僕は思います。各地域で良い選手が生まれたり、地方で教育がより活性化したり。強い地域、強いものたちのための社会構造ではなくて、全ての人にしっかりと光があたる社会を目指したいのです。

卓球だけではなく、サッカーでもバスケでも一部の有名な選手だけではなくて、国民全体がスポーツに熱狂して夢と感動を持って、そのエネルギーを自分が生きる力にしてほしいです。「自分もやればできる」と思えたり、何か壁にぶつかったときに夢を与えてくれたスポーツ選手を思い出してもう一歩前に進めるという社会が、希望の持てる社会だと思います。

そしてスポーツは経済の起爆剤になるだろうと考えています。競技人口を増やし、スポーツを楽しむ方を増やし、そのかっこ良さを知ってもらう。エンターテインメント性を高めた形で観光のコンテンツにもなる、という全体的な経済の流れを作ることが、スポーツ立国になることで可能になると考えているのです。

・有志有途。志を胸に諦めずに立ち向かえば、必ず結果がついてきます。本書では僕自身の経歴をお伝えしましたが、僕の歩いてきた道はそのまま、そのことの証明でもあります。日本は確かに、諸外国と比較すると一度失敗したらなかなか再起できないようなところがあります。国民性もあるのか、周りを見て、空気を読んで、間違ったことはやらないように、出る杭は打たれると言われることもあります。でも、出過ぎた杭はもう打たれません。当社のミッションには「夢への道を拓き、明日を照らす光となる」という言葉がありますが、「絶対にやりきる」という気迫が、困難な道をも切り拓くと僕は信じています。

僕は、人生のいくつかの場面でキーパーソンに出会い、助けられてきました。高校に全て落ちた僕に目をかけてくれた予備校の先生、父親の会社が倒産したときに僕と母を助けてくれた弁護士の先生、法律事務所で働くきっかけを作ってくれた同級生の女の子、サラリーマンをしないで起業しろと投資してくれた投資家、そして〝親父さん〟羽田孜。人生の節目で自分が何かの熱い思いを持ち、行動していきたいと思ったとき、自分を引き上げてくれる方が僕の前に現れました。情熱は、うちに秘めていても伝わらないと僕は思います。これから起業したい方、叶えたい志や夢見る社会の姿がある人は、ぜひ言葉に出し、態度に出してその情熱を発信してください。「大風呂敷を広げる」などと人から言われることもあるでしょう。笑われることもあるかもしれません。でもそれで良いのです。人が無理だと言うことをやるから燃えるし、努力するのです。そして「この人が自分のキーパーソンじゃないか」と思える人にもし出会えたなら、遠慮せずに夢を語りましょう。もしも語っても何も起こらなかったら、何度も繰り返しましょう。それはあなたが諦めずに前進する道の途中、どこかで必ず小さな芽を出すでしょう。

第7章
★★★

生きるということ

愛弟子、富太郎のこと

僕は、新型コロナウイルスによりひとりの大きな存在を失いました。大蔵流狂言師の善竹富太郎氏です。40歳という若さで亡くなった富太郎は、僕と同じように「志」を持って生きた人でした。

狂言界で初の人間国宝になった善竹彌五郎を曽祖父に持つ一家の狂言師で、文化庁公演の開催や、世界へ日本の伝統芸能を発信するために狂言とオペラを融合して披露するなど、富太郎は狂言の楽しさをより多くの皆様へ伝えたいと日々普及活動に励んでいました。

僕たちは、2016年に初めて出会いました。まだ僕がベンチャー企業を支援する活動をしていた頃です。当時僕が主催していたインドアゴルフイベントへ、友人の紹介で参加していました。彼は僕のことを気に入ってくれたようで、初めて会ったその日に「顧問になってもらえませんか」と言われました。何度も会って話をするうちに彼のまっすぐな姿勢や素直さ、何より狂言への深い愛情に心を打たれ、後援会長を引き受けることにしました。伝統芸能の世界は、何百年と日本の文化を守り続けているのに年収が300万〜400万円くらいという方も大勢います。富太郎はそういう方々の底上げをしたいと考えていました。スポーツ業界と同様に、伝統芸能の世界にも経営の感覚を浸透させることの重要性に彼は気がついていたのです。それからは毎年定例となる「銀座の夜の狂言会」をGINZA SIXの観世能楽堂を使って行うことを始め、伝統芸能の世界に収益構造を作るサポートをしてきました。

僕が琉球アスティーダを引き受けてからは、卓球の試合のハーフタイムに狂言のパフォーマンスを実施したこともありました。もともと琉球アスティーダのハーフタイムは、筋肉ユーチューバーを呼んだり、アイドルが歌ったりするなど、新しくて楽しいことや、卓球との組み合わせが意外でおもしろいことを企画し、エンターテインメント化するための取り組みを行っていましたが、人間国宝一家の狂言が見られる試合会場は日本で唯一でしょう、人々の注目を浴びました。富太郎とはそんなふうに新しい試みをしながら一緒に卓球を、伝統芸能を盛り上げようと活動してきました。その富太郎が亡くなったとその日のうちに連絡をもらった時には呆然として、言葉もでませんでした。時には楽しく、時には厳しく接してきた富太郎にある時、彼のふがいなさを指摘したところ、涙を見せたこともありました。それでも僕のことを「師匠」と呼び、「一生ついていく」と言ってくれたのです。本物の弟子のように可愛がっていた富太郎、そして彼の志を、僕は決して忘れることはありません。

いわゆる「成功者」でも、不幸だった

父親の会社が倒産したところから僕はずっと、全身全霊で考え、働いてきました。お金があれば幸せになれると思っていました。琉球アスティーダのオーナーになる前に日本全国でベンチャー企業を支援する活動や講演会を行っていた頃、顧問

となっていた企業は約90社。僕の年収は、いわゆる「成功者」と呼ばれるレベルにあったと思います。六本木に居を構え、世界のあらゆる場所で美味しいものも食べました。着たい服も、欲しいものも、おおよそなんでも手に入りました。

しかし琉球アスティーダの運営会社を始めて3年、僕はいま、自分にお金をかけることに全く興味がありません。ハイブランドの時計もいりません。トライアスロンとダイビングをやる際に便利なスポーツウォッチで十分です。着ているのは「NO ASTEEDA, NO LIFE」とプリントされたTシャツです（あまりにいつも着ているから、早川はこれしか持っていない説が浮上するくらいです）。

20代で会社を創業したとき、銀座で月に５００万円使い切るような、高級車で送り迎えがあるような生活をしていたことがあります。「お金があるってこういうことだろう」と、苦労していた時代に想像してきたような生活です。そして僕はそのとき、不幸でした。人を信用できなかったからです。お金があると、人が寄ってきます。僕に、ではなくて、僕の持っているお金に寄ってくるのです。このときの感情をひとことで言うなら「むなしい」です。このむなしさはいまも容易に思い出すことができます。それがいまの僕をつくっているといってもいいと思います。その頃の生活と今とではずいぶん違いますが、僕は、銀座のミシュランの店で親しくない人と食事をとるよりも、家族で回転寿司に行く方が楽しいと言い切れます。

家族と過ごす時間

東日本大震災の後、家族で沖縄に移住しました。震災の翌々日に、たまたま僕はセミナーで家族を連れて沖縄に滞在していたのですが、東京と比べると住居費や食事代も安く、空気がきれいで開放的で、子育ての環境も良い。教育コストも、東京とは比べものにならないなと思ったのです。仕事で東京へ行ったり来たりする交通費を考えても、こちらで生きる人生の方が僕にも、家族にとっても断然幸せなのではないかな、と考えて、移住を決断しました。

コロナ禍により出張がなくなり、家族との時間が増えました。以前の生活では僕の飛行機の搭乗回数は年間120回を超えていて、家にいられる時間や家族と過ごす時間が削られていました。家族とのコミュニケーションが思うように取れないことはとても心苦しく、仕事を早めに引退しようかと考えていたくらいです。ところが、コロナ禍の生活ではほぼ全てのことがリモートで行えることに気づかされました。家族全員で食事をとることも増え、娘たちと話していても、以前は忙しくてきちんと話を聞けていなかった、彼女たちの思いを理解できていなかったと気づくこともありました。平日の昼間に妻と過ごすこともあり、彼女は「結婚生活で今がいちばん一緒にいられる時間が長いんじゃないかな」と言っています。僕は妻に出会って3週間で結婚を決めました。早過ぎるのではないか、大丈夫かと周りに言われたりもしましたが、「この人以上の人はいないだろう」と思っての決断でした。あれから13年経ち、娘二人にも恵まれ、今は夫婦二人で当社が経営するパーソナルジムに通っています。

また僕は沖縄に移住して10年経つのですが、多忙を理由に一度も海に潜ったことがありませんでした。この機会にスキューバダイビングの免許を取り、インストラクターの資格取得を目指しています。これで食いっぱぐれることはないかな、なんて言っているのですが、半面、沖縄にいながら海の中にこんなに素晴らしい世界が広がっているのを知らないなんて、少し恥ずかしかったと思っています。海に入るなど、自然と対話することで得られるエネルギーは大きいものです。ストレスを軽減し、仕事もよりはかどるように感じています。今までは1日6件ほどの打ち合わせが精一杯でしたが、移動時間がなくなったことでリモートを使えば最大12件の打ち合わせも可能になり、多くの人と商談ができるようになりました。ニューノーマルの生活になり、ますます仕事も家庭も充実してきている。今はそんなふうに思っています。

志を叶える人生を生きよう

僕がはっきりと「志に生きよう」と決めたのは、やはり政治の世界での経験を得たことが大きなきっかけと思います。鳥取で衆議院選挙に出馬して落選した僕は、親父さんにアドバイスをもらい翌日から選挙区の家々を一軒一軒まわり歩きました。選挙区というのは、漁村や、市街地や、農村や、今まで触れたことのない地域もあります。そういうところを自分の足で歩き、人々と直接触れ合う中で、「人のいろいろな幸せのかたち」を実際に目の当たりにしました。お金はないかもしれない。でも家族で一緒に暮らして、周りの家々と協力して自給自足して暮らす喜びというのも、確かにある。そういう人々の笑顔と、お金はあるが人を信用できない経済人たちの顔……お金では買えない幸せがあることにも気がつきました。山奥にぽつんと建っていた家にいたおばあちゃんから「国政を目指す人でうちに来てくれたのは、○○先生とあなたくらいよ」と言われた時には「僕はもっと歩かなくてはいけない。もっと一人ひとりの、それぞれのご意見を聞かなくてはいけない。そうやって地道に歩いて耳を傾けた人に勝てるわけがなかったんだな」と、自分の未熟さに思い至りました。

選挙に負けた当時は、ライバルへの敵対意識が強く悔しいという気持ちの方が強かったですが、人は、相手の強さを認めたときに成長できるものなのかもしれません。僕は「ベンチャー企業の社長っぽくない」などと言われたりもするのですが、たとえ企業のトップになったとしても、誰に対しても謙虚であること、正しいライバル意識を持つことはきっと自らの成長、そして社員、企業の成長を促すと思います。

政界で生きることへの情熱は、僕の中で消えたわけではありません。然るべきタイミングやご縁があれば再びチャレンジする覚悟は持っています。僕が成し遂げたいこと、「志」は、いつも一つで「弱いものに光があたる社会をつくること」。それが叶うのであれば、どんなことにも全力で飛び込んでいくつもりです。

経営感覚を持ったリーダーは、確実に世の中を変えます。もしも僕が政界に再び挑戦することがあれば、卓球業界で異端児扱いをされながらもスポーツビジネスの歴史に新しい一歩を踏み出した経験が活きることでしょう。

僕は、政治から離れた今もある夢を見て起きることがあります。国会で「早川周作君を、内閣総理大臣に指名することが決まりました」と言われる夢です。

僕の、幸せのかたち

僕は、人生の最期を「よくやった、ばんざい！」と言って迎えたい。そう思っています。お金だけを目的に仕事をしていたら、そうはなれないでしょう。琉球アスティーダを引き受けてからは、僕は成功者と呼ばれるようなイメージとは全然違う生活をしています。ですが、ひとり勝ちをするような人生なんて、僕にとってはつまらないのです。人とつながり、志を遂げてこそ幸せな人生だと考えています。そのために大切なことのひとつが「**学ぶこと**」。僕は勉強や、新しいことを知ることが大好きです。40歳からMBA（経営学修士）を習得しようと学校に通いました。それが結果として新しいご縁を呼んで、「おもしろく生きる」ことにもつながっています。何歳であろうと、自分がどんな立場に立っていようと学び続けることは楽しく、また大切なことです。新しい人との出会いを大切にし、最新情報をキャッチしながら一緒に時代を作っていく仲間を集めていくのです。今回僕が実施したクラウドファンディングやクラブトークンなど、新しいものに対して周りの人は分からないからこそ拒絶反応を示しました。でも、ブロックチェーンの技術がＡＩやＶＲゲームやｅスポーツにつながっていることを学べば、自分のいる世界に「関係ない」ということは全くなくて、様々なビジネスチャンスになることが見えてきます。これから起業したいと思っている方は特にアンテナを常に張って、刻々と変わる世の中の流れをしっかり見ましょう。

僕は、多くの人に会うなかで、多くの幸せと不幸せを見てきました。その理由は決してお金の多寡ではなかった。もうお金は十分かな、と思った時に僕は、少し働きすぎたし引退をしてもいいと思っていました。でも、経営者人生をかけて挑もうと思える、琉球アスティーダに出合いました。志を叶えることに全力で取り組むのが、僕の幸せのかたちです。僕はまた一歩、自分の幸せに向かってチャレンジをしたのです。

みなさんの幸せのかたちは、どういうものでしょうか。「本当にお金を儲けたい！」。それは悪いことではありません。でも、それは自分の心の底から出てきた、自分基軸の思いですか？　誰かが言っていたことや常識を自分にあてはめたり、自分の幸せの価値観にしていないでしょうか？　そういうことはしっかりと考えていくと良いと思います。自己満足でもいいから、大切なのはあなたの強い「志」です。それはあらゆる苦難を乗り越えるエネルギーとなり、必ず、あなたに自信や、何ものにも代え難い経験や、胸をはって語れる人生をもたらす。そのように、僕は思います。

琉球アスティーダ　IDENTITY

【SLOGAN】

世界を獲りいくよ。

見上げるくらい大きな相手にも、打ち勝てる。

失敗しても、どん底にいても、何度でもはい上がれる。

志を胸に、あきらめずに立ち向かえば、道は必ずひらける。

さぁ、沖縄から世界へ。

「誰だって夢は叶うんだ！」ということを

結果で証明してみせる。

【MISSION】
夢への道を拓き、
明日を照らす光となる。

【VISION】
だれもが
夢をあきらめない社会
をつくる。

【VALUE】
共創　夢に向かって共に闘い、実現する。
熱狂　面白くて、心を揺さぶる瞬間がある。
勇気　志を胸に、逆境に立ち向かう力が湧く。
成長　人として魅力ある自分に成長できる。

【SPIRIT】

夢や志を胸はって語る。
恩義恩情を大切にする。
GIVE GIVE GIVE TAKE.
スピーディーに決断し、行動する。
地道にまさる王道はなし。
おもしろ楽しく、いつもご機嫌に。
諦めずに、やりきり超MAX!

琉球《りゅうきゅう》アスティーダの奇跡《きせき》

第一刷　二〇二一年十二月十七日
第二刷　二〇二一年十二月二十日

著者　早川周作《はやかわしゅうさく》
発行人　小島明日奈
発行所　毎日新聞出版
〒一〇二-〇〇七四
東京都千代田区九段南一-六-一七　千代田会館五階
電話　営業本部〇三-六二六五-六九四一
　　　図書第二編集部〇三-六二六五-六七四六

印刷・製本　光邦

ISBN978-4-620-32721-1